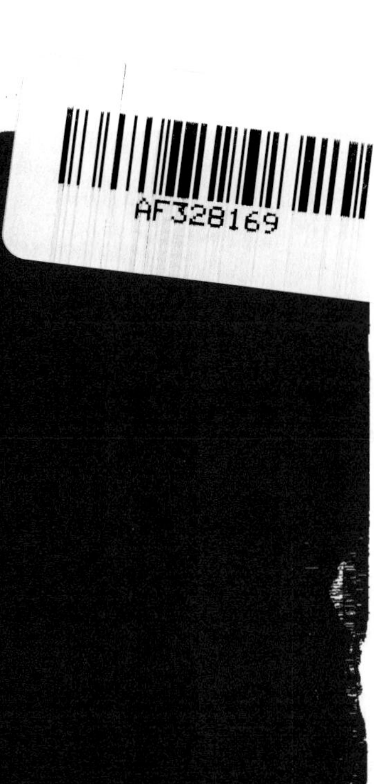
AF328169

MÉMOIRE

PRÉSENTÉ AU CONSEIL GÉNÉRAL DES CÔTES-DU-NORD

DANS SA SESSION D'AOUT 1873

Pour répondre à l'Arrêté Préfectoral de M. de Flavigny

Du 16 Novenbre 1872

AINSI QU'AU RAPPORT DE L'INGÉNIEUR EN CHEF, M. DE CARCARADEC

Du 31 Octobre 1872

QUI DEMANDENT LA RÉGLEMENTATION DE L'USINE DU BESSO

EN SAINT-ANDRÉ-DES-EAUX

ET LE CURAGE A VIEUX FONDS ET A VIEUX BORDS DE LA RIVIÈRE DE RANCE.

NANTES

IMPRIMERIE BOURGEOIS, RUE SAINT-CLÉMENT, 115.

—

1873

En vous présentant ce Mémoire, je crois utile de vous donner le détail des faits qui m'ont obligé, bien malgré moi, à le livrer à la publicité ; car ce n'est pas par goût que j'ai entrepris cet énorme travail.

Le 1er acte officiel, contre mon usine du Besso, a été l'arrêté préfectoral du 16 novembre 1872 ; par lui, j'étais mis en demeure de me défendre et de répondre !

Pour le faire, avec connaissance de cause, je fus obligé d'aller de Nantes, malgré le temps rigoureux du commencement de Décembre 1872, à Dinan, au Besso, tout voir, par moi-même, sur les lieux, de me rendre ensuite à Saint-Brieuc, pour connaître les intentions de l'administration et recueillir les pièces officielles de cette affaire.

1er voyage de plus de cent vingt lieues, fatiguant et coûteux.

Aussitôt mon retour, tout mon temps fût absorbé pour rédiger un très-long mémoire en réponse à l'arrêté préfectoral. Je l'adressai le 24 février 1873, à M. de Flavigny, alors préfet.

Je fus obligé de retourner de Nantes à Saint-Brieuc, vers la fin de Mars, pour savoir quelles conclusions seraient prises par ce Préfet et s'il rapporterait son arrêté précité.

2e voyage m'offrant encore tout autant de fatigues, de frais et de perte de temps.

Comme mon mémoire, sur lequel l'administration ne comptait aucunement, soulevait bien des points délicats, bien des voiles, bien des difficultés nouvelles, l'administration crut enfin utile, pour elle, de finir par où elle aurait dû commencer : Car, n'était-ce pas son devoir absolu ?

Entravée dans ses projets, par mes objections, elle ordonna, mais un peu tard, n'est-il pas vrai, qu'une enquête aurait lieu du 1er au 20 juin 1873.

Je fus de nouveau obligé, pour cette enquête, de retourner de Nantes à Dinan et au Besso, d'y séjourner plusieurs jours, d'y perdre mon temps.

3e voyage ayant, pour moi, tous les mêmes inconvénients, que les deux premiers.

L'enquête ne présenta aucune plainte contre mon usine du Besso : c'est là le point important. Mais, pourquoi cela n'a-t-il pas été constaté plus tôt ?

Vous apprécierez, Messieurs, que si, dès le début, cette enquête, indispensable pour la légalité, avait eu lieu, elle aurait, aussitôt, démontré que pas un seul intérêt réel n'était en souffrance. Dès lors, il n'y aurait point eu d'arrêté préfectoral, et je n'aurais pas eu trois voyages coûteux et fatiguants à faire, en six mois, pour me défendre, ni à subir une perte de temps si considérable, tant pour ces trois voyages, que pour rédiger mon premier mémoire au Préfet, puis pour le refondre à nouveau, par suite de l'enquête, afin de vous le présenter aujourd'hui.

Est-ce assez de frais, de vexations, de travail et de temps perdu pour moi ?

Voilà cependant, Messieurs, comment cette affaire a été conduite. Aussi, il est nécessaire, je crois, que vous en ayez connaissance ; il ne sera, même, pas inutile que le public apprécie les moyens dont se servent quelquefois les administrations, sans calculer le tort fait, par elles, aux particuliers, lorsqu'elles veulent, malgré tout, parvenir à leur but !

Du reste, la lecture de ce trop long mémoire vous donnera bien d'autres détails de même nature et plus sérieux encore.

Veuillez agréer, Messieurs les Conseillers généraux, l'expression de la haute considération, avec laquelle j'ai l'honneur d'être,

Votre très-humble serviteur,

HERSART DU BURON.

L'an dernier, à votre session d'Août, poussés par le désir d'être utiles aux propriétaires de la vallée de la Rance, d'essayer de préserver des inondations les terres voisines de ses rives, vous avez pris plusieurs délibérations qui ont rapport à cette rivière, ainsi qu'aux usines qui se trouvent placées sur son cours.

De ce nombre est celle du Besso, qui m'appartient, en Saint-André-des-Eaux.

Il y a beaucoup à dire sur cette très-importante et très-difficile question des réglementations d'usines et des inondations de la Rance. Elle offre bien des côtés différents, sous lesquels elle doit être envisagée avant d'essayer de la résoudre !

Après la lecture de ce mémoire, Messieurs, vous resterez convaincus, je pense, que, jusqu'à présent, elle n'a certainement pas été suffisamment étudiée. Elle a beaucoup d'autres aspects que ceux mis en avant ; c'est par conséquent, une question qui demande toute votre attention et vos plus sérieuses appréciations, pour ne pas risquer d'imposer aux riverains d'énormes sacrifices, lorsqu'ils ne pourraient être que stériles.

Déjà, il est démontré, par l'expérience qui en est faite, que les moyens de Messieurs les Ingénieurs sont, d'abord, tout-à-fait insuffisants pour empêcher les inondations ; qu'ils sont, de plus, non-seulement fort coûteux, mais encore, très-vexatoires pour nous autres riverains.

Aussi, je viens, autant dans l'intérêt des populations que dans le mien propre, vous exposer la situation où nous serions tous, si vos délibérations n'étaient pas revues et modifiées, lorsque vous allez, à votre prochaine session d'Août, étudier, comme elle le mérite, cette grave affaire, sous toutes ses faces.

Après l'examen auquel vous vous livrerez bientôt, vous apprécierez les choses tout autrement : car, aucun de vous n'a pu ni prévoir, ni savoir, ni vouloir toutes les fâcheuses conséquences que tirent de vos délibérations, Messieurs les Ingénieurs des Ponts et Chaussées, contre les propriétaires d'usines et contre toutes les populations riveraines de la Rance et des autres rivières.

Certainement, vous n'avez pas voulu nous écraser sous un lourd, sous un très-lourd impôt ; encore moins ne l'établir qu'au profit des Agents des Ponts et Chaussées.

Aussi, j'ai cru fort urgent que vous fussiez avertis, pour que vous avisassiez en toute connaissance de cause : je me suis donc dévoué à cette œuvre.

L'enquête, terminée le 20 Juin 1873, ne contient pas la moindre plainte. Quoi de mieux constaté !

Cependant, nul de vous n'ignore que Messieurs les Ingénieurs n'avaient à la bouche, depuis plusieurs années, pour justifier leurs rapports, leurs actes, et faire, enfin, admettre leurs projets sur la Rance, rien autre chose que le grand mot INTÉRÊT PUBLIC. N'est-ce pas, toujours, avec celui-là que l'on tranche toutes les questions, à défaut de raisons solides et avouables !

Quoi donc de plus concluant contre tout ce que ces Messieurs n'ont pas craint d'avancer, si à la légère, pendant de longues années.

N'ai-je pas été, depuis plus de six ans, assez victime de leurs petits moyens, pour avoir, parfaitement, le droit de les signaler, de les prouver et de demander, enfin, protection ?

N'êtes-vous pas nos protecteurs naturels et légaux contre les prétentions exagérées des administrations ; ne devriez-vous pas l'être, plus sérieusement encore, s'il arrivait qu'une administration, en raison de certains faits incontestables, de certains tarifs, de certaines notes payées, pût être soupçonnée d'être pécuniairement, largement intéressée à plaider pour elle-même, à demander certains travaux, ceux surtout qui font rétribuer, par les particuliers, ses agents à 5 fr., à 10 fr. par jour, etc., etc.

J'ose donc espérer, Messieurs les Conseillers généraux, que mieux éclairés, aujourd'hui, par les faits suivants, sur cette importante question, rendue, peut-être même à dessein, si embrouillée, si diffuse et si complexe, vous reviendrez sur vos déterminations de l'an dernier, qui n'ont été dues qu'à votre ardeur pour le bien public ; déterminations qui, une fois obtenues par l'Administration des Ponts et Chaussées, ont fait naître, immédiatement, l'arrêté préfectoral du 16 Novembre 1872, dont la dernière conséquence, pour mon usine du Bésso, m'ont dit Messieurs les Ingénieurs, serait de la mettre en interdiction : *ce qui, tout simplement, équivaut à m'en dépouiller, en se servant d'un terme mitigé !*

Car je ne compte plus, lorsque j'en vois l'inutilité par trop évidente, souscrire aux travaux si onéreux qu'entraîne une réglementation et que l'on veut m'imposer, d'abord sans en avoir le droit, puis, même, sans un seul motif raisonnable, puisque le but déterminé l'an dernier, par le Conseil général, « de façon à préserver, des inondations, les terres voisines » ne peut aucunement être atteint par Messieurs les Ingénieurs : ils l'avouent eux-mêmes !

C'est ce que je vais vous démontrer, Messieurs : aussi, j'espère que ce mémoire, très-sérieux, très-motivé, portera à votre connaissance bien des faits que vous ignorez, qu'il est cependant utile de vous faire apprécier avant que vous ne concluiez sur cette affaire très-importante.

Si mon usine venait, Messieurs les Conseillers généraux, à être frappée d'interdiction, qui m'indemniserait, je vous le demande ? *Un propriétaire doit-il et peut-il, avec équité, être spolié de sa légitime propriété, sans recevoir aucune indemnité ?* Jusqu'à preuve contraire, je veux penser qu'une semblable mesure ne sera pas adoptée tant que le département des Côtes-du-Nord sera dirigé par un Conseil général aussi honorablement composé.

Vous voyez, Messieurs, que déjà nous touchons à de bien graves questions, sans sortir, le moins du monde, de notre sujet.

Il doit, donc, avoir pour vous, qui devez en décider, une toute autre importance que pour moi, qui ne serai jamais que le spolié !

Ma bourse y est, il est vrai, gravement engagée ; mais nullement ma conscience !

Cette gravité même du fond de la discussion, soulevée entre l'Administration et moi, m'impose et me dictera, dans tout l'exposé de mes raisons, de mes arguments, la plus grande réserve, la plus grande modération, tant à l'égard des rapports faits contre mon usine, qu'à l'égard de ceux qui ont poursuivi cette demande de réglementation.

Je désire et j'espère ne froisser personne ! J'en serais d'ailleurs très-désolé, s'il n'en était pas ainsi ; car je n'ai que l'intention de défendre mon usine de la façon la plus ferme, mais, aussi, la plus courtoise.

J'ai, du reste, bien assez d'excellentes raisons, et je sais trop que même de simples aigreurs ne font que nuire à une cause, loin de corroborer un seul argument.

Cependant, comme je suis forcé de signaler des faits fâcheux, de contredire, complétement, diverses assertions émises par des fonctionnaires, que ces assertions erronnées sont les seules bases de toutes les difficultés qui me sont suscitées, ces Messieurs comprendront, je n'en doute pas, que c'est ma défense qui m'impose cette pénible nécessité, dont eux-mêmes sont la première cause. Dès lors, ils ne peuvent s'en prendre qu'à eux seuls, si ce mémoire combat leurs actes, ou en déduit des conséquences peu agréables.

Avant d'entrer dans le vif de la discussion, il me faut, d'abord, rappeler et examiner, avec soin, ce qui a donné lieu à cette demande de réglementation des usines du Besso et de Rougé.

J'ai obtenu de M. de Fladigny, préfet, les renseignements suivants : ils sont donc officiels.

Dans son rapport au Conseil général, du 3 Novembre 1871, M. Allenou disait : « Le Conseil d'arrondissement de Dinan **demande** » **la réglementation de toutes les usines**; sur deux cent quarante- » neuf, trente-quatre seulement ont un règlement.

» Votre commission **appuie cette demande et particulièrement** » **celle qui s'applique aux usines du Besso et de Rougé**, sur la » Rance. Elle recommande également, d'accord avec le même » conseil, le **curage de la Rance et du Limon**, et l'enlèvement des » arbres et des souches qui obstruent le lit de ces rivières. Il » serait à désirer que **l'Administration, pût intervenir pour obte-** » **nir un arrangement entre les riverains intéressés à ce travail**. » Adopté.

Séance du 23 Août 1872.

M. Allenou lit le rapport suivant :

« Votre Commission vous prie de faire droit aux vœux du Conseil » d'arrondissement de Dinan, qui demande la réglementation des

» usines placées sur la Rance et le nettoyage et le curage de cette ri-
» vière de façon à préserver des inondations les terres voisines. »

En revoyant tout cela aujourd'hui, Messieurs les Conseillers généraux, il doit vous apparaître au premier coup d'œil, que, dans tout cet exposé, rien n'est motivé, prouvé et calculé, qu'il y a beaucoup trop de diffusion, de vague et d'exagération, puisque, sans avoir pu, aucunement, en prévoir et en étudier la portée, au point de vue hydraulique, ces décisions arrivent à demander, à votre insu, ce qui, réellement, est impossible !

Déjà, ne reconnaissez-vous pas, Messieurs, que le Conseil général a suivi le trop vif entraînement du Conseil d'arrondissement de Dinan, sans s'en rendre suffisamment compte, poussé qu'il était par son zèle, par son amour du bien public, et qu'il n'a pas assez calculé les énormes dépenses qu'il allait imposer aux riverains, sans résultats positifs avantageux ?

Cette ardeur pour le bien public est fort louable, assurément; cependant ne doit-elle pas toujours être réfléchie et motivée, surtout lorsqu'il peut s'en suivre des conséquences pratiques aussi graves, aussi vexatoires, aussi arbitraires que celles que ce mémoire vous signale, Messieurs, et que bien peu d'entre vous, c'est incontestable, étaient à même de soupçonner à l'origine de la question.

Certainement, tous les Conseillers généraux ne connaissent pas, ne peuvent même connaître les us, coutumes, règlements et tarifs de l'Administration des Ponts et Chaussées !

Si le Conseil général, entraîné par de fort bonnes intentions, mais sans avoir pu s'en rendre compte, a pris une voie fâcheuse, qui permet aux Agents des Ponts et Chaussées de nous imposer des travaux aussi ruineux qu'inutiles, n'est-ce pas à vous, Messieurs les Conseillers généraux, maintenant qu'il en est temps encore, qu'il appartient d'étudier sérieusement cette question pour, dès le début, couper court à une source si féconde d'injustices et de tant d'abus présents et ultérieurs ? (*Voir page* 16)

Après avoir transcrit les délibérations du Conseil général, parce qu'elles sont les bases sur lesquelles Messieurs les Ingénieurs s'appuient, je tiens à discuter, devant vous, Messieurs, avec toute la convenance et la réserve possibles, mais cependant avec vérité, la portée, la justesse et les conséquences de ces délibérations, par lesquelles le Conseil général confirme et adopte simplement, sans même les examiner, les vœux du Conseil d'arrondissement de Dinan ; premier point de départ, du moins apparent, des réglementations et des autres mesures, plus onéreuses encore, que l'administration des Ponts et Chaussées désire imposer aux propriétaires riverains des rivières.

1° Sans que l'utilité générale en soit d'abord, le moins du monde, examinée et démontrée ;

2° Sans que cette mesure soit même réclamée par les populations, comme vous le reconnaîtrez, d'abord, par ce qui a eu lieu, il y a six ou sept ans, lorsque les mêmes influences voulurent déjà pousser les propriétaires à former un syndicat ; je vous donnerai ce détail un peu plus loin (*voir page 27*), il mérite toute votre attention : et, dernièrement, par l'enquête close le 20 Juin 1873 ;

3° Sans aucunement savoir, et cela, cependant, était fort important, si le but indiqué : **empêcher les inondations de la Rance,** *peut même être atteint par les travaux que l'administration veut nous imposer,* en vous en laissant, toutefois, Messieurs les Conseillers généraux, la responsabilité désagréable, vis-à-vis de ceux qui en seront les victimes ;

4° Mais non, sans qu'il ressorte des actes et de certains tarifs de l'administration des Ponts et Chaussées, c'est très-fâcheux à dire, une trop sérieuse apparence, peut-être même une preuve, d'intérêt pécuniaire tout personnel.

Nous serons sans doute parfaitement d'accord, Messieurs les Conseillers généraux, en posant comme principe absolu, qu'un corps aussi important, aussi omnipotent, devrait dans toute question de ce genre, pour y avoir plus d'autorité, être, partout et toujours, bien au-dessus de toute atteinte, de tout soupçon de ce genre. Mais malheureusement, pour les réglementations d'usines, comme pour les curages à vieux fonds et à vieux bords, des faits et des chiffres, impossibles à nier, parlent, trop haut, pour que ce funeste, pour que ce trop triste côté de la question ne saute pas tout d'abord aux yeux des moins clairvoyants !

Ce point est grave ; il est, dès lors, indispensable de l'examiner, très-sérieusement.

Pour rien au monde, sur une question si délicate, je ne voudrais insinuer, à la légère, des suppositions sans preuves irrécusables !

Je me bornerai donc à citer des faits, ils sont incontestables : Puis, simplement, à en laisser les appréciations ainsi que les observations, que leur exposé fera naître, à la haute sagesse du Conseil général.

C'est aux juges et non à moi, de supputer ces chiffres, de voir l'enchainement positif des faits et de conclure !

Vous apprécierez, Messieurs les Conseillers généraux, si des chiffres très-précis, trop considérables, dès lors fort avantageux, pour ceux qui en bénéficient, ne doivent pas faire craindre de rencontrer, comme premier point de départ, l'influence réelle de d'intérêt pécuniaire privé, bien plutôt que celle de l'intérêt général, dont, peut-être, on ne fait tant de bruit, que pour empêcher de soupçonner l'autre !

Ce début doit vous faire voir combien cette question des inondations de la Rance est sérieuse !

Dès lors, vous chercherez avec soin, Messieurs, à découvrir où elle prend naissance, où elle peut non-seulement mener les propriétaires riverains, mais aussi, comme précédent, tous les autres propriétaires d'usines, tous les autres riverains des nombreuses rivières du département.

J'aime à croire que vous serez fort aises, comme Conseillers généraux, chargés des intérêts de tout le département, de la connaitre, de l'apprécier, sous ce nouveau jour, qui est tout autre que celui qui apparait tout d'abord ; notez qu'il prend plus de valeur, encore, appliqué à la totalité des usines des cinq arrondissements des Côtes-du-Nord.

Si le Conseil général a le droit de s'occuper des intérêts publics, il a également le devoir de protéger, de faire respecter des intérêts des particuliers, même contre l'omnipotence de Messieurs les Ingénieurs et notamment, dans l'espèce, ceux des propriétaires des rives de la Rance comme des autres propriétaires de toutes les usines du département, qui, elles aussi, auront bientôt à être défendues contre les mêmes prétentions : car, ne peut-on pas croire, Messieurs, que nous n'en sommes qu'au petit ballon d'essai !

Pourquoi, je vous le demande, cette mesure présentée comme si avantageuse, par Messieurs les Ingénieurs, ne serait-elle pratiquée et imposée que dans le seul arrondissement de Dinan, lorsque le département des Côtes-du-Nord en possède cinq : N'est-ce donc pas le cas de dire avec certitude : **Hodie mihi, cras tibi.**

Cette question est donc du plus haut intérêt *pour tous les usiniers, pour tous les propriétaires et pour toutes les populations situées aux bords des rivières de votre département*, pour qui votre décision, favorable ou contraire, fera ultérieurement loi.

Le Conseil général et le Préfet, c'est élémentaire, ne peuvent, avec équité, sacrifier l'intérêt privé à l'intérêt public, que lorsque la question a été, préalablement, très-sérieusement étudiée et qu'il est démontré que le sacrifice est d'une absolue nécessité.

Le Conseil général sait parfaitement aussi, que, si l'intérêt privé vient, parfois, mettre obstacle à des projets d'intérêt général, il peut passer outre en appliquant la loi d'expropriation forcée; puisque, pour faire face à l'indemnité, *toujours due*, vous avez à votre disposition les centimes départementaux et, ainsi, les charges publiques restent égales entre tous.

Personne ne doit être lésé dans sa propriété :

La loi française ne le permet jamais.

Elle proclame, avec autant d'autorité :

Que tous les Français sont égaux devant la loi ;
Que l'impôt doit être réparti également.

Ces principes doivent, toujours, être la règle de toutes les administrations, de toutes les assemblées délibérantes françaises.

Vous ne pouvez pas, Messieurs les Conseillers généraux et Monsieur le Préfet, être d'un avis différent.

De plus, j'en suis parfaitement convaincu, vous ne le voudriez aucunement !

Pourquoi donc, dans l'espèce, le Conseil général et l'administration mettraient-ils à la charge exclusive des propriétaires les dépenses suivantes?

1° *Les frais de réglementation de leurs usines ;*

2° *Le dommage de l'interdiction, si elle était prononcée ;*

3° *Les charges énormes de curage et de nettoyage à vieux bords et à vieux fonds*, mesure demandée, dont on nous menace et à laquelle les Ingénieurs arriveront avant peu, plutôt que d'avouer qu'ils ne peuvent rien contre les inondations de la Rance.

Je sais bien que des lois du 20 août 1790, du 6 octobre 1791 et de l'arrêté du 19 ventôse an VI, on conclurait, peut-être, que l'on pouvait, alors, détruire, sans indemnité, une usine, des usines, c'est-à-dire ruiner un propriétaire, ou une quantité de propriétaires, pour l'utilité publique ; puisque ces lois permettent de réglementer les usines et autorisent, même, à les interdire sans accorder aucune indemnité car c'était chose inconnue alors. Mais il me semble inutile d'insister davantage, devant vous, Messieurs, pour vous faire admettre que l'omnipotence sur la propriété particulière, que s'arrogeait le gouvernement de cette époque, n'est aucunement reconnue aujourd'hui.

N'avons-nous pas de nouvelles lois qui garantissent à chacun sa propriété légitime ? Les principes que je vous citais un peu plus haut s'élèvent trop fortement contre cette interprétation des Ingénieurs des Ponts et Chaussées, si contraire au droit de propriété. De plus la loi d'expropriation forcée, *mais moyennant indemnité préalable*, a été faite il y a plus de trente ans, pour mieux constater :

1° *Que personne ne peut être lésée dans sa propriété ;*

2° *Que toutes les charges publiques doivent être réparties également.*

Si l'intérêt public réclame réellement ces grands travaux, qu'ils soient donc payés par les impôts, rien n'est plus juste.

Mais pourquoi, et en raison de quel principe d'équité, mettrait-on, sur certains particuliers, tout ce chiffre écrasant de dépenses, pour essayer, dit-on, de rendre meilleure la position de quelques autres ? Et l'on parle bien haut de l'intérêt général, qui, cependant, dans ce cas, n'est ni si positif, ni si grand, puisque personne ne s'est plaint et ne se plaint même présentement (*voir plus loin l'article du syndicat, page 27 et le résultat de l'enquête du 20 juin 1873*). Aussi je demande, à l'administration, si elle se croit à l'abri de tout reproche, si elle ne se sent pas plus que des scrupules, lorsqu'elle s'engage dans cette voie ; voyant parfaitement que, de tout cela, il ressort évidemment que les bourses des seuls riverains de la Rance, et la mienne, vont se trouver condamnées, en sus du payement de nos très-lourds impôts, cependant établis pour faire face à toutes les charges publiques, à créer des travaux pour essayer d'améliorer, mais sans aucune chance de succès, une situation qui est déjà la meilleure !

Ajoutez à cela que la dépense sera très-considérable, c'est positif, lorsque le résultat, demandé par le Conseil général, est non-seulement douteux, mais même impossible à atteindre.

Je vous le prouverai ci-après (*voir page 32 et suivantes*).

Voilà, donc, à quoi se réduit tout ce que Messieurs les Ingénieurs peuvent faire pour cette question de la Rance, pour laquelle, cependant, ils paraissaient avoir tant de sollicitude !

Il est évident, et vous surtout, Messieurs les Conseillers généraux, vous resterez convaincus, que le Conseil d'arrondissement de Dinan d'abord et le Conseil général ensuite, ne se sont pas suffisamment rendu compte des lourdes conséquences de leurs demandes : Car, composés d'hommes aussi justes, aussi honorables, ils n'ont pu vouloir un résultat, si contraire aux bases même de nos lois, qui ne tend à rien moins qu'à écraser tous les riverains de la Rance, à en ruiner quelques-uns, trop petits propriétaires pour pouvoir supporter toutes les dépenses que Messieurs les Ingénieurs tiennent tant à nous imposer ; **d'abord par les travaux de réglementation, puis, surtout, par ceux de curage à vieux fonds et à vieux bords.** Je puis dès aujourd'hui citer, comme preuve du seul préjudice des réglementations, le moulin de Cameroc, déjà abandonné, et celui des Rosais, qui va l'être également, m'a-t-on dit. En voilà donc deux : si mon usine du Besso disparaît encore, où, je vous le demande, Messieurs, les populations feront-elles moudre leurs grains ?

Elles ne peuvent pourtant pas s'en passer !

Cependant, remarquez, je vous prie, Messieurs les Conseillers généraux, ce point essentiel : Les Ingénieurs ont la franchise d'avouer, tout d'abord, *que leurs travaux de réglementation sont insuffisants et qu'il faut y joindre le curage à vieux bords et à vieux fonds ;* puis ils avouent, encore, que, leurs travaux de réglementation et de curage terminés, *ils n'empêcheront aucune inondation extraordinaire !*

Après de semblables aveux de leur part, que vous devez croire, que je n'ai point inventés, pourquoi, je le demande, à la haute sagesse du Conseil général et à la vôtre, Monsieur le Préfet, nous ferait-on, ainsi, jeter, dans l'eau, tant d'argent, en pure perte ?

La Rance, vous le voyez, ne restera dans son lit ordinaire que lorsqu'elle ne fournira pas plus d'eau que le débit que les Ingénieurs lui assignent à 16 mètres et à 19 mètres, 94 par seconde.

Comme tout le monde sait qu'une bien plus grande abondance d'eau est très-fréquente, même au printemps, parce que la Rance, dont le lit atteint parfois près d'un kilomètre de largeur, est plutôt torrent que rivière ; il est évident que nous aurons toujours des inondations ; mais, il faut le reconnaître, nous propriétaires, nous aurons élargi de beaucoup, c'est vrai, sans aucun avantage pour nous, c'est encore plus vrai, le cercle des travaux de Messieurs les Ingénieurs, et, par suite, nous aurons grossi très-largement leurs appointements. *Est-ce le but réel qu'on se propose ; puisque l'on ne peut empêcher les inondations ?* On ne devrait pas le supposer.

Le Conseil d'arrondissement, le Conseil général ne se sont-ils pas laissés entraîner, sans examen suffisant, par leur zèle ardent pour le bien public, à suivre trop facilement les désirs de Messieurs les Ingénieurs ?

Aussi, vous voyez, le Conseil d'arrondissement de Dinan, trop poussé par ce bon sentiment et, à son insu, peut-être plus encore, par l'influence précitée, qu'il n'aurait pas assez soupçonnée, s'arroger, sans aucun détail précis sur la question, le droit de la trancher, lorsqu'il n'avait nullement pu l'étudier, l'apprécier sérieusement, et demander du même coup la réglementation *des deux cent quarante-neuf usines de son arrondissement ;* sans même, savoir si les niveaux d'eaux de ces 249 usines, ainsi condamnées irrévocablement ; sont nuisibles ou non : En un mot, sans pouvoir avoir la conviction qu'un seul intérêt réel demandait à être sauvegardé par une mesure aussi absolue, qui portait, cependant, atteinte à tant d'intérêts et de droits préexistants.

Il est évident que la majorité du Conseil général a, de son côté, cédé, par le même sentiment, au même entraînement ; très-excusable, il est vrai, mais très-fâcheux ; quelle a accepté, de confiance, des conclusions qu'elle n'avait ni le temps, ni les moyens d'examiner, questions fort graves ; qui touchent à d'immenses intérêts, qui peuvent ruiner de petits propriétaires et qui ne peuvent même être suffisamment connues de la plus grande partie des membres du Conseil général, qui vit loin des rives de la Rance.

Cependant, n'était-il pas nécessaire avant d'imposer, à ces propriétaires, tant de frais, tant de vexations, avant de nous livrer ainsi à la discrétion absolue de l'administration des Ponts et Chaussées, (je dois et je vais prouver tout cela) de savoir :

1° Si l'on pouvait positivement réussir, avec les travaux indiqués par les Ingénieurs, à empêcher les inondations de la Rance ?

2° Si les inondations de la Rance étaient plus nuisibles qu'utiles aux propriétaires de cette vallée ; en un mot, s'il était même avantageux au point de vue de l'intérêt général, d'essayer de priver ces précieux terrains d'alluvion de leur source incontestable de fertilité, et, par conséquent, de leur ravir leurs produits si rémunérateurs?

Nous examinerons bientôt ces deux points, véritables bases de la question et seules considérations sérieuses que les inondations de la Rance puissent offrir pour être envisagées, discutées et réglées avec sagesse par le conseil général, sous le rapport de l'intérêt public.

Je suis d'avance certain que ces deux points si importants, fixeront toute l'attention de Messieurs les Conseillers généraux et de Monsieur le Préfet. J'espère que vos décisions communes modifieront, essentiellement, les déterminations prises l'an dernier, sans une étude suffisante de toutes ces questions si complexes.

Messieurs, avant d'aborder et de traiter ces deux considérations si essentielles, avec tout le détail qu'elles réclament, il vous est indispensable d'examiner à fond une question bien plus sérieuse qui naît tout naturellement des réglementations et des autres mesures demandées par Messieurs les Ingénieurs ; savoir : *Les opinions et les rapports de Messieurs les Ingénieurs des Ponts et Chaussées sont-ils réellement parfaitement dégagés de tout intérêt pécuniaire personnel ?*

Cette question doit passer la première, n'est-il pas vrai : car sa solution dominera la situation ?

Tarifs et avantages pécuniaires des Agents des Ponts et Chaussées

PAYÉS PAR LES PROPRIÉTAIRES.

Permettez-moi, donc, de vous exposer, de vous grouper les réflexions, qui malgré soi viennent à l'esprit en lisant les avis émis à votre session d'août 1872, où l'on ne s'est occupé que des travaux à exécuter, mais nullement de leur utilité et de leur certitude de réussite.

Serait-ce, seulement, par pur hasard, je vous le soumets, Messieurs les Conseillers généraux, que les trois demandes émises, alors, sont toutes de nature, disons le mot, à étendre grandement les attributions des agents des Ponts et Chaussées, à multiplier leurs travaux, *par suite à augmenter leurs appointements d'une façon très-importante ;* mais cependant, sans pouvoir aucunement garantir nos propriétés des inondations extraordinaires; comme ce sera démontré ultérieurement et, du reste, comme, déjà, Messieurs les Ingénieurs l'avouent eux-mêmes.

Etudions et suivons la marche de cette affaire.

La première mesure indiquée par le Conseil général demande la réglementation de toutes les usines et particulièrement celle du Besso et de Rougé.

D'abord cette singulière et si considérable demande de réglementation de toutes les usines d'un arrondissement, jetée ainsi en avant par son Conseil d'arrondissement, étonne beaucoup, fait réfléchir et force à en chercher la cause première, sérieuse et positive.

Je suis beaucoup trop intéressé dans cette question, pour ne pas me borner à simplement préciser les faits (il y en a de tellement incroyables qu'ils sont, peut-être, en dehors de la légalité), et à laisser ensuite à la sagesse du Conseil général le soin d'en déduire les conséquences et de conclure, car ils parlent assez haut, ce me semble !

Veuillez, je vous prie, Messieurs, tenir compte de ma réserve; car vous le voyez, j'ai été grandement victime, et souvent !

Si la cause de cette première demande du Conseil général, de faire réglementer toutes les usines de l'arrondissement, particulièrement celle du Besso, était basée sur l'intérêt général du pays, il y aurait eu des plaintes contre elle : C'est incontestable ; et Monsieur le Préfet, pour les vérifier, aurait dû ordonner une enquête.

Où étaient les plaintes, quand a été faite l'enquête, pour vous les présenter à votre session de l'an dernier ?

Voilà cependant comme des Ingénieurs et un Préfet, Monsieur de Flavigny, ont respecté la loi et traité les propriétaires de votre département : Aussi, je crois avoir bien le droit de le dire !

Les plaintes et l'enquête, ont alors, tellement fait défaut, pour soutenir les projets de l'administration et ceux de Messieurs les Ingénieurs, que mon mémoire manuscrit, présenté en février 1873 à Monsieur le Préfet, qui le constatait, les a fort embarrassés, d'autant plus qu'il devait être publié.

Ils se sont empressés d'essayer d'y rémédier ; mais un peu tard, n'est-ce pas ?

Aussi j'ai su, le 27 Mai 1873, par Monsieur le Préfet de Flavigny,

2

lui-même, qu'une enquête devait avoir lieu du 1er au 20 Juin de cette année, et son arrêté porte la date du 24 Mai 1873.

Que voulez-vous de plus fort pour prouver qu'il y avait un parti parfaitement pris, Messieurs les Conseillers généraux ?

On tenait tant à tout pouvoir réglementer, que pour y arriver, plus sûrement, on ne voulait aucune enquête.

Aujourd'hui, je puis ajouter que cette enquête, ainsi ordonnée après coup, du 1er au 20 Juin 1873, a eu lieu, et qu'elle n'a pas présenté une seule réclamation, loin de prouver un intérêt public.

Le coup est rude ; aussi Messieurs les Ingénieurs, pour se disculper, prétendent maintenant qu'ils n'ont agi que sur les plaintes du Conseil général, qui lui-même suivait, disent-ils, celles du Conseil d'arrondissement !

Mais, je le demande, qui avait si habilement soufflé cette motion et fait décréter, du même coup, la réglementation des 249 usines de l'arrondissement, sans aucune plainte préalable contre une seule, par conséquent, sans le moindre motif, je ne dirai pas d'intérêt public, mais même d'intérêt local ?

Aussi n'est-ce pas parfaitement, ici, le cas de conclure, en toute vérité, avec l'axiome latin :

Is fecit cui prodest !

Les chiffres qui suivent, vous le démontreront, peut-être, bien plus encore, Messieurs !

Cette grande idée, de faire réglementer toutes les usines, surprend peu celui qui a eu le malheur de supporter déjà une réglementation ; car il sait, par expérience, à qui profite et ce que rapporte chaque réglementation aux divers agents des Ponts et Chaussées de l'arrondissement.

Ceci est un fait irrécusable, mais très-fâcheux.

Déjà je l'ai subi ; j'ai pu, par conséquent, apprécier combien c'était cher.

Ce que je voudrais ne pas voir, pour croire à la vérité, à la sincérité des rapports de Messieurs les Ingénieurs et à l'utilité publique des travaux qu'ils réclament, c'est l'intérêt trop direct et trop évident que l'administration des Ponts et Chaussées a positivement à pousser, de toute son influence, les Conseils d'arrondissements et de département à faire réglementer toutes les usines sans exception.

Déjà l'arrondissement de Dinan vous en offre la preuve la plus incontestable et la plus forte.

Les usines sont, dans ce seul arrondissement, au nombre de 249, disent Messieurs les Ingénieurs : Nous devons les croire, parce qu'ils les ont, certainement, parfaitement, comptées, même depuis longtemps !

Je dois à cet égard constater un fait très-important, qui, dans la question qui nous occupe, est un argument fort difficile à réfuter.

Savez-vous, Messieurs les Conseillers généraux, le chiffre énorme que les propriétaires des usines, du seul arrondissement de Dinan, auraient à payer aux quelques Ingénieurs et Agents des Ponts et Chaussées de cet arrondissement, rien que pour leurs pas et démarches, si on réglementait ces 249 usines ?

Sans doute, vous ne vous en doutez aucunement !

Vous m'accusez même, peut-être, d'exagération lorsque vous lisez en toutes lettres, pour éviter toute erreur, le très-gros chiffre **de quarante-deux mille trois cent trente francs**, ce chiffre de 42,330 fr. est tellement énorme, qu'il me paraît nécessaire de vous le justifier.

Ma preuve, la voici :

C'est la réglementation de l'usine de Mont-Musson qui m'a renseigné sur cela, comme sur tous les autres détails que je cite : J'en ai beaucoup trop appris ; mais, toujours à mes frais !

Pour elle, j'ai eu à payer, uniquement pour les pas et démarches de l'ingénieur de l'arrondissement et de deux ou trois de ses agents, *la 1re fois, cent quarante francs et la 2de, trente francs ;* donc cette réglementation ne m'a fait verser dans la bourse personnelle de ces trois ou quatre Messieurs, *que cent soixante-dix francs,* en dehors de tous les frais de mes travaux. C'est peu !

Comme je ne puis aucunement croire que ces agents, fort honorables, je me plais à le reconnaître, m'aient fait payer plus que le juste prix, dû à tout autre de leurs collègues, je dois conclure, puisque mon usine est dans des conditions ordinaires, que les 249 usines réglementées feront payer, par leurs propriétaires, aux quelques agents de l'arrondissement, la modeste somme de 170 fr. multipliée par 249 ou 42,330 fr., uniquement pour leurs déplacements.

Ceci me paraît un point fort grave, très-digne de fixer toute l'attention du Conseil général !

Après cette simple preuve de ce que les réglementations des usines, d'un seul arrondissement, peuvent fournir *comme appointements supplémentaires, aux agents de cette administration, qui les demandent, y président et en bénéficient,* je dois ajouter que le calcul n'est fait ici que pour le cinquième de votre département.

Donc, lorsque cette mesure, si habilement présentée comme un immense intérêt public, sera appliquée aux cinq arrondissements, ce qui ne tardera, si cet essai, fait sur celui de Dinan, réussit, ce ne sera plus 42,330 fr., mais bien cinq fois cette somme ou 211,650 fr.

En présence de ce chiffre, je m'abstiens de toute observation !

Ainsi vous pouvez calculer, Messieurs les Conseillers généraux, sur environ deux cent mille francs que vous accorderiez, fort généreusement, aux agents des Ponts et Chaussés, en suppléments de traitements, mais à prélever sur la bourse particulière de tous les propriétaires d'usines de votre département. Vous leur éviterez, certainement, cette lourde gratification.

Veuillez maintenant vous informer, par arrondissement, du nombre fort limité de ces agents, je ne puis vous l'indiquer, et vous saurez, promptement, le beau dividende qui reviendrait à chacun de ces Messieurs rien que pour les réglementations : **Car les curages à vieux fonds et à vieux bords seraient, certainement encore, cent fois plus productifs.** Croyez qu'ils viendraient bientôt s'y ajouter, si les prétentions de Messieurs les Ingénieurs n'étaient pas rejetées par le Conseil général, comme trop onéreuses pour les populations, trop peu justifiées et surtout trop nuisibles à la dignité de ce corps important.

Vous apprécierez, donc, Messieurs les Conseillers généraux, si ces gros bénéfices ne pourraient pas être d'un grand poids dans la balance, entrer pour beaucoup trop dans ces demandes de réglementations et de toutes les autres mesures pécuniairement si avantageuses pour Messieurs les Agents des Ponts et Chaussées, qui les poursuivent et les réclament avec tant d'instances.

Je ne m'en prends, vous le voyez, aucunement aux personnes ; mais aux conséquences qui ressortent, avec trop d'évidence, des faits nombreux dont j'ai été victime, trop souvent et à huis-clos.

Parlons, en passant, du tarif, qui fixe les frais des agents des Ponts et Chaussées ; il est très-instructif.

Voyons si ces tarifs, faits pour qui et par qui, vous l'apprécierez, ne prouvent pas que Messieurs les Ingénieurs ont positivement encore, même dans les questions de menu détail, quelques soucis de leurs petits intérêts pécuniaires !

Je puis ajouter, toujours, pour avoir eu à payer la réglementation de Mont-Musson, *elle seule m'a fort instruit sur tous ces calculs d'argent, mais beaucoup moins sur les questions hydrauliques,* que ces Messieurs ont, à leur usage, des tarifs fort avantageux, fort lucratifs, puisque le seul article des voitures, qui les ont conduits à Mont-Musson, leur permet de prélever, chaque fois, à leur profit personnel, *un bénéfice net de soixante-six pour cent, et par jour,* en m'en faisant rembourser les frais.

C'est vraiment étonnant ! Mais c'est ainsi !

En voici la preuve irrécusable : il est bon que le public connaisse et juge de tels tarifs, puisqu'il en est victime !

En consignant cela ici, je n'entends pas, du tout, mettre en cause l'honorabilité personnelle de Monsieur l'Ingénieur de l'arrondissement, qui a tout naturellement, comme il le pouvait, suivi les tarifs de son administration. Sa note, je tiens à le constater, était, du reste, ordonnancée par un Ingénieur en chef, dont je ne puis lire la signature.

L'abus n'en est que plus imputable à toute cette administration ; il remonte, donc, aux chefs supérieurs, à ceux qui en sont réellement responsables !

Ne devraient-ils pas tout régler avec équité : que vous en semble Messieurs ?

Voici le texte même du mémoire d'une journée ; les autres sont identiques :

A M. Gaultier, conducteur, faisant fonctions d'Ingénieur ordinaire :

Frais de voyage, aller et retour, le 21 Mai 1867, 30 kilomètres, à 0 fr. 30 cent l'un. . . . . 9ᶠ »

A M. Guinaud, conducteur à Dinan :

Frais de voyage, aller et retour, le 21 Mai 1867, 30 kilomètres, à 0 fr. 20 cent. l'un. . . . . 6 »

TOTAL. . . . . 15 »

Que coûte à Dinan une voiture à quatre places, pour aller à Mont-Musson ? Huit francs par jour, plus un franc au garçon ; au total neuf francs.

Donc, 66 p. °/₀ de profit.

Vous voyez, Messieurs les Conseillers généraux, qu'avec les frais de route, ainsi alloués isolément à chacun, par le détail précité, une voiture qui n'a coûté en réalité que neuf francs, est remboursée, par moi, à ces Messieurs, au prix de quinze francs.

Donc, les tarifs de Messieurs des Ponts et Chaussées leur permettent déjà *de prélever 66 p. °/₀, et par jour, sur leur voiture,* lorsqu'ils ne sont que deux : mais quand ils seront quatre, ou deux de plus, simplement à six francs, *on leur devra vingt-sept francs, quoique la voiture ne coûte toujours que neuf francs.*

Ce serait donc, alors, *deux cents pour cent de profit* à prendre sur les propriétaires, que l'on semble plaindre d'être exposés aux inondations : Ils subissent, vous le voyez, bien d'autres malheurs !

Sans doute, comme tout le monde, vous croyiez, Messieurs les Conseillers généraux, que les Ingénieurs et Agents des Ponts et Chaussées étaient uniquement payés par appointements fixes, **que dès lors ils ne pouvaient avoir aucun intérêt à se procurer des travaux pour grossir leurs revenus,** parce que ce n'est que comme employés de cette administration qu'ils sont chargés du service hydraulique des arrondissements et du département. Désabusez-vous tous, comme je l'ai fait moi-même, **cela n'est pas** : puisque, je ne sais pourquoi, je l'avoue, mais toujours, sans doute, d'après leurs tarifs, faits pour eux, mais par qui, ils s'attribuent en sus, de leurs appointements fixes, *les uns 5 fr., les autres 10 fr. par jour,* à prendre, dès qu'ils en peuvent trouver l'occasion, dans la bourse de celui-ci, de celui-là. (C'est un léger supplément qui doit, ce me semble, équivaloir, au moins, au montant même de l'appointement du grade).

La réglementation de Mont-Musson m'a appris tout cela, pour avoir payé ces prix ; la note que j'ai en main le prouve. Pourquoi donc, si le service hydraulique de l'arrondissement, service public, n'est-il pas vrai, réclame le concours de ces agents, *forme même, positivement, leurs attributions,* serait-ce à nous de doubler encore les appointements de leurs journées, lorsque nous avons déjà payé nos impôts, prélevés par le Gouvernement pour les rétribuer et qui doivent complétement solder ce service public, comme ceux de toutes les autres administrations de France?

Ceci est une question fort grave, je vous la soumets, Messieurs, pour que vous la portiez plus haut : c'est-à-dire jusqu'au Ministre; afin que les Agents des Ponts et Chaussées ne puissent plus doubler ainsi leurs appointements, d'un façon occulte, aux dépends des contribuables, qui sont déjà assez surchargés d'impôts, n'est-il pas vrai?

N'y a-t-il pas là, aussi, pour ce corps, une haute question de dignité?

Est-ce que je dois quelque chose au Gendarme qui a arrêté l'homme qui m'a volé? Est-ce que je dois quelque chose au Juge, lorsqu'il rend un jugement qui me fait gagner ou perdre mon procès?

Il est un point qui m'étonne beaucoup! Pourquoi ces appointements supplémentaires *n'apparaissent-ils jamais au grand jour*; et ne sont-ils connus que dans le secret du bureau du percepteur? Je ne les aurais jamais devinés, si je n'avais été forcé d'y acquitter 170 fr. pour Mont-Musson : aussi, bien peu de personnes les soupçonnent-ils?

Cependant c'est un impôt fort onéreux, prélevé sans contrôle aucun, sur les pas et démarches des agents; cette condition fâcheuse m'impose plus impérieusement l'obligation d'en donner connaissance d'abord à vous, Messieurs, ensuite au public. Probablement vous ne vous en doutiez pas plus que je ne m'en doutais moi-même.

Je n'entends point attaquer les personnes de Messieurs les Ingénieurs; mais j'ai parfaitement le droit de démontrer au Conseil général, *preuves en mains*, que le tarif précité et surtout les travaux supplémentaires, dont je viens de prouver que le payement est acquitté à 5 fr. et à 10 fr. par jour, par les propriétaires, au profit même des Ingénieurs, créent à ces Messieurs un intérêt trop majeur et trop évident pour nier qu'ils ne peuvent être que très-tentés d'élargir le cercle de leurs travaux, de demander les réglementations de toutes les usines d'un département, ainsi que le curage de toutes les rivières à vieux bords et à vieux fonds, etc., etc... Tout le monde comprendra que, placés dans de semblables conditions, plus ils pourront faire naître et obtenir de ces travaux, d'une utilité plus que contestable, meilleure sera leur position, et personne n'ignore que chacun compte beaucoup, aujourd'hui, avec la sienne.

Du reste, vous savez, Messieurs les Conseillers généraux, que les trois mesures, prises par vous l'an dernier, vous ont été indiquées par les agents des Ponts et Chaussées, à la compétence desquels vous vous en rapportiez, puisque vous ne croyiez traiter qu'une question hydraulique, sans pouvoir, ni vouloir, soupçonner qu'ils pouvaient eux-mêmes y avoir de si grands intérêts engagés.

Mais aujourd'hui que la chose vous est démontrée, que les conséquences de ces mesures abondent en inconvénients flagrants, sans en faire ressortir quelque avantage sérieux, qu'elles arrivent même jusqu'à atteindre l'honorabilité de ce corps important et qu'elles rençonnent très-durement les propriétaires, vous y mettrez ordre; vous règlerez les choses tout autrement : car toutes ces considérations s'élèvent à la hauteur d'un grave intérêt public et même d'une question d'équité.

La seconde mesure formulée l'an dernier, également sur les indications de Messieurs les Ingénieurs, demande : « Le curage de la » Rance et du Limon, l'enlèvement des arbres et des souches qui » obstruent le lit de ces rivières. »

Aussitôt cette demande émise par le Conseil général, le service hydraulique s'en saisit, la complète avec ardeur et conclut de suite (*voir le rapport de Monsieur l'Ingénieur en chef de Carcaradec, du 18 octobre 1872*). « Mais il conviendrait, aussi, de faire procéder à » un curage à vieux fonds et à vieux bords de la rivière de Rance, » en faisant enlever tous les obstacles formés par les plantations an- » ticipées, souches d'arbres et bois obstruant le passage des eaux. »

Ce passage du rapport de Monsieur l'Ingénieur en chef d'alors, ne vient-il pas pleinement justifier tout ce que je viens d'établir : ne semble-t-il pas vous dire : « Les réglementations d'usines, Messieurs » les Conseillers généraux, ne sont pas une source suffisante de » bénéfices, ajoutons-y le curage complet des rivières à vieux bords » et à vieux fonds, etc., etc. »

« Donnez-nous des travaux permanents, qui, en raison de leur » importance, augmenteront les honoraires des agents auxquels ils » seront confiés. » Vous savez maintenant, Messieurs, que tous ces travaux supplémentaires sont des gratifications importantes pour les Agents des Ponts et Chaussées, que les particuliers sont contraints de les leur payer au prix de 5 francs et de 10 francs par jour, suivant le grade, et que, comme cette large rétribution pourrait être insuffisante pour ses agents, cette très-paternelle administration leur permet, par des tarifs trop avantageux, de prélever encore des bénéfices sur les voitures, en sus de leur remboursement.

Chaque fois, j'ai remboursé 66 pour cent de plus que je ne devais! Mais pourquoi me plaindrais-je, puisque le même tarif m'aurait fait payer jusqu'à 200 pour cent, si au lieu de deux agents ils avaient été quatre dans la même voiture !

Tout cela s'élève fort haut, si ce n'est fort juste, n'est-il pas vrai? N'insistons pas sur ce désolant côté de la question, que je n'ai point été chercher, veuillez bien le remarquer, que j'ai, au contraire, trouvé tout d'abord et tout naturellement, très-sérieusement posé par la note à payer à Messieurs les Ingénieurs.

Examinons plutôt ce que vaut en réalité cette fastueuse demande de curage à vieux fonds et à vieux bords, ainsi que tout ce qui y fait suite.

Lorsque l'on recherche la portée positive et utile de ces moyens d'amélioration, on ne peut y voir rien de précis. Mais des mots mal définis, des termes vagues, très-élastiques, à l'aide desquels, c'est fâcheux à dire, nulle position, nul propriétaire ne peut se trouver à l'abri d'attaques sans raison, de frais sans limite, *si même, comme vexation, un agent quelconque veut les lui imposer !*

Je le demande aux Ingénieurs eux-mêmes, où sera la limite, et à quoi pourra-t-on reconnaître, avec certitude, *de façon à arrêter tout débat fâcheux*, les vieux fonds et les vieux bords? Faudra-t-il s'en rapporter aux dires et aux exigences de Messieurs les Ingénieurs, toujours seuls compétents, mais pas toujours infaillibles, nous l'avons vu, ou aller jusqu'au granit ?

Alors où en serions-nous, nous malheureux riverains !

La Rance coule dans une vallée toute d'alluvion : Les vieux fonds sont impossibles à trouver ; et il ne peut pas même exister de vieux bords ; puisqu'ils s'usent chaque année par les grandes eaux, qui les dégradent, les mangent et les emportent !

Donc les termes des Ingénieurs ne définissent rien de précis, rien de clair. Il ne devrait pas, ce me semble, en être ainsi pour un point si essentiel !

Le manque de précision est tellement incontestable que la même phrase, du même rapport de ces Messieurs, dit : « En faisant enlever tous les obstacles formés par les plantations anticipées. » Ces plantations aujourd'hui, par ces Messieurs, prétendues anticipées, ne sont positivement, tout le monde le saisira à première vue, que des plantations dont les racines ont été mises à nu par le courant de la Rance. C'est-à-dire que les vieux bords, qui existaient il y a soixante, quarante, peut-être même vingt ans, ou moins, n'existent plus du tout, et que nous avons perdu notre terrain. Après ce premier malheur, devons-nous éprouver, en outre, celui de perdre nos plantations ; seul moyen que nous ayons pour défendre, quelque peu, nos rives, continuellement minées par la Rance ?

Pour ce qui concerne les souches et arbres, qui pourraient obstruer le passage des eaux, cela paraît, d'abord, un peu mieux défini et plus rationnel : Mais tout le monde conviendra, moins les Ingénieurs, qu'il doit nécessairement s'en trouver fort peu dans le lit de la rivière, par l'excellente raison que le bois à aujourd'hui trop de valeur vénale pour qu'un propriétaire soit assez borné pour consentir à le laisser pourrir inutilement dans la Rance, plutôt que de l'utiliser, ou de le vendre. Je sais cependant qu'il y en a quelquesuns ; mais qu'un simple mot des Maires suffira, quand on voudra, pour les faire disparaître.

Que veulent donc dire les Ingénieurs par toutes ces formules qui semblent cependant si sonores, « A vieux fonds et à vieux bords », « plantations anticipées », « souches et arbres obstruant le passage des eaux » ? Ne devrait-on pas, dans cette administration, lorsqu'elle tient à prouver qu'il faut nous imposer d'aussi lourdes charges, employer des expressions plus positives, plus concluantes, moins creuses et, par conséquent, moins élastiques pour l'arbitraire.

Vous voyez, Messieurs les Conseillers généraux, que tous ces grands mots, que toutes ces belles phrases des Ingénieurs sont loin de préciser, de signaler même des inconvénients tellement graves qu'ils puissent aucunement justifier la prétendue nécessité de nous livrer si complétement à leur absolue direction, et de nous obliger à tant de frais, dont ils tiennent à rester les seuls juges, les seuls directeurs. Ne serions-nous pas par trop, alors, taillables et corvéables à leur merci ! N'est-ce pas, exactement, je vous le demande, la véritable situation qui nous serait faite ?

Je ne sais pas au juste la longueur du parcours de la Rance sur ma terre du Besso ; mais elle doit bien être de dix-huit cents à deux mille mètres. En évaluant seulement à dix francs par mètre, ce qui n'est point exagéré, les travaux nombreux que Messieurs les Ingénieurs indiquent, vous voyez Messieurs les Conseillers généraux, que c'est une modeste charge de dix-huit mille ou de vingt mille francs que l'on me met ainsi sur les épaules, sous le large prétexte de l'intérêt public, que les Ingénieurs, eux-mêmes, avouent ne pouvoir satisfaire jusqu'à la limite fixée par le Conseil général.

Cependant, la loi veut que les charges soient toujours réparties également ; pourquoi donc payerais-je vingt mille francs de plus que celui qui ne borde pas du tout les rives de la Rance ?

Malgré cela, je ne serai pas encore le plus malheureux des riverains : car, certains petits propriétaires, qui ne possèdent qu'une ou deux parcelles au bord de l'eau, seront très-obérés, peut-être même forcés de les vendre, pour payer les travaux exigés s'ils sont ainsi laissés à la charge des riverains. Ils seront donc ruinés !

Le Conseil général appréciera que de semblables conséquences **rendent ces mesures impraticables.**

S'il y a réellement utilité publique, décrétez-le ; puis, votez les fonds indispensables pour exécuter les travaux que vous jugerez nécessaires.

Syndicat.

Enfin la troisième mesure du Conseil général, formulée cependant à l'état de désir, est celle-ci : « Il serait à désirer que l'administra-
» tion pût intervenir pour obtenir un arrangement entre les rive-
» verains intéressés à ce travail. » La nouvelle introduction de cette demande, après ce qui a déjà eu lieu pour cette question, prouve, trop évidemment, que cette demande n'est faite que par Messieurs des Ponts et Chaussées par intérêt personnel.

Cela m'oblige, Messieurs les Conseillers généraux, à vous faire connaître ce qui s'est passé, il y a six ou sept ans, à ce sujet.

Depuis lors, le Conseil général et le Préfet, par suite des événements politiques, ont été changés : la même demande revient néanmoins. Ne doit-on donc pas l'attribuer au seul corps, que les événements du 4 septembre 1870, n'aient pas renversé et le seul, aussi, notez ce point, qui y soit personnellement, directement et largement intéressé pécuniairement : Ceci vous a été, je crois, plus que démontré.

Cette administration des Ponts et Chaussées voulut déjà, il y a six ou sept ans, beaucoup étendre ses attributions sur la vallée de la Rance et la mettre, pour ainsi dire, en coupe réglée.

Afin d'y parvenir, elle essaya de créer un syndicat, dont, bien entendu, elle se réservait la direction, et les appointements.

Pour réussir, elle mit en avant M. le Préfet d'alors, qui provoqua une réunion des propriétaires de la vallée ; il envoya M. des Salles, membre du Conseil général, pour présider cette réunion à Evran.

La question était tellement grave et ruineuse pour nous, qu'elle m'imposa de faire le voyage de Nantes à Evran, tout exprès.

Nous étions soixante-sept propriétaires réunis.

M. des Salles nous exposa le projet, voulut nous montrer les prétendus avantages d'un syndicat. Malgré toute l'adresse qu'il mettait à plaider cette cause, il ne put nous taire le point essentiel, le fin mot.

C'est qu'il fallait, tout d'abord, souscrire, entre nous propriétaires de la vallée, la faible somme de soixante-dix mille francs, comme premier apport du syndicat, *et la remettre aux mains des Ingé-nieurs*, afin qu'ils pussent essayer leurs projets, entreprendre des travaux considérables, toujours pour le bien public, dans le but d'empêcher les inondations ; mais le succès de ces travaux était bien loin de nous paraître aussi certain que les sommes considérables que nous aurions eu à payer aux Ingénieurs, et alors et plus tard.

Dès lors, l'avis général de l'Assemblée fut de rejeter cette idée de syndicat, qui, par apports ultérieurs, dont nous étions en outre me-nacés, dans la proportion du premier versement de soixante-dix mille francs, nous aurait entraînés, avant peu, à des frais incal-culables.

M. des Salles tenait trop à réussir pour, après ce premier insuc-cès, lâcher prise si facilement. Il reprit, à nouveau, tous ses argu-ments, et nous demanda : si nous ne voulions pas de syndicat, de nommer, au moins, une Commission syndicale ; en nous disant que cette Commission aurait, pour nous, près de la Préfecture, une très-heureuse influence, etc., etc. L'obstination qu'il y mettait m'étonna d'autant plus qu'à ce moment je ne pouvais, encore, croire que ce fût un mot d'ordre de l'Administration de cette époque.

J'étais, je l'avoue, fort surpris qu'un propriétaire, si intelligent, fort indépendant par sa position, membre du Conseil général, eût, sur cette importante question, des idées toutes différentes de celles de tous les autres propriétaires de la vallée, si unanimes cependant?

Alors, pour en connaître la véritable cause, je lui demandai pourquoi nous différions tellement d'opinions et où étaient donc placées ses propriétés, soit en Saint-Juvat, Le Quiou, Saint-André et Evran, qui lui imposaient des conclusions si différentes des nôtres?

Il eut la franchise de nous répondre, mais à notre grand étonnement, vous devez le comprendre, MM. les Conseillers généraux, qu'il n'y possédait absolument rien et, pour s'excuser, il ajouta que ce n'était que le désir de concourir au bien public qui l'avait fait accepter de venir présider cette réunion si importante.

Vous voyez, Messieurs, qu'après six ou sept ans, c'est encore, aujourd'hui, toujours la même chose. La majorité des membres du Conseil général, qui je crois, n'est point aussi propriétaire dans la vallée de la Rance a, comme M. des Salles, membre du Conseil général d'alors, l'extrême désir de travailler au bien du pays et, comme lui, elle s'est laissée, sans s'en rendre compte, aller à une influence et, par suite, en est arrivée à avoir sur nos propres intérêts une opinion toute différente de la nôtre. Ne semble-t-il pas, Messieurs les Conseillers généraux, que la vallée de la Rance, avec ses inondations, est, toujours, aujourd'hui comme alors, un riche filon sur lequel Messieurs les Ingénieurs voudraient bien pouvoir mettre la main.

Vous avez entrevu ce qu'il pourrait leur rapporter? Ce petit souvenir n'est-il pas très-instructif dans le cas présent; n'est-il pas très-propre à faire revenir la majorité du Conseil, qui ne cherche que le sérieux, le véritable intérêt du pays, sur toutes les mesures indiquées, parce qu'elles n'offrent pas du tout des avantages qui pourraient compenser leurs trop sérieux inconvénients?

Après cet aveu pénible, M. des Salles ne pouvait plus insister. Dès lors la question fut jugée. On vota pour et contre la Commission syndicale et, sur soixante-sept votants, soixante-trois se déclarèrent contre, et quatre seulement pour. 1° M. des Salles, conseiller général; 2° le Maire de Saint-André; 3° celui du Quiou; ces deux Messieurs, comme M. des Salles, ne possédaient encore rien dans la vallée; ce qu'il y a de plus curieux, c'est que le Maire du Quiou, M. Larocheaulion, était, même, mon fermier pour le marais du Bessó; puis, je ne me souviens plus du nom du quatrième personnage.

C'était donc, encore, vous le voyez, Messieurs les Conseillers généraux, l'administration, au grand complet, contre tous les propriétaires. Pourquoi en est-il, malheureusement, si souvent ainsi?

Ne le savez-vous pas comme moi? C'est qu'il y a, bien souvent, des intérêts trop différents et non apparents!

Je consignerai plus tard, à l'endroit où j'exposerai que les inondations nous sont plus utiles que nuisibles, toutes les bonnes raisons qui furent alors apportées par plusieurs et approuvées par nous tous propriétaires; aussi préférâmes-nous l'état présent et très-fructueux, comme vous le verrez, à celui fort problématique, mais sûrement très-coûteux, que Messieurs les Ingénieurs des Ponts et Chaussées désiraient essayer, bien entendu à nos frais, risques et périls, pour se créer, c'est incontestable, des occupations extrêmement lucratives.

Puisque j'ai parlé du syndicat que l'on voulait nous faire accepter, alors, et auquel la phrase, insérée dans le rapport de M. Allenou, semble de nouveau faire allusion, comme voulant remettre cette question sur le tapis, je tiens à ajouter, ici, un faible mot sur le syndicat de la Divatte, près de Nantes, dans lequel ma sœur et quelques-uns de mes amis sont compris.

Ce syndicat est dirigé par certains Ingénieurs de la Loire-Inférieure; ils prélèvent, pour cela, de bons appointements; à tel point qu'un des propriétaires, près de qui j'ai pris mes renseignements, m'a affirmé qu'en 1872, *sans qu'il y ait eu des réparations à exécuter*, notez ceci, il avait payé chez le percepteur, pour quatorze hectares, soixante-dix-huit francs. Ce qui fait cinq francs cinquante-cinq centimes de cotisation pour chaque hectare, lorsqu'il n'y a eu aucuns travaux à faire aux digues. Mais qu'en 1873, comme il y aura, cette année, des réparations nécessaires, cela montera à beaucoup plus cher pour chaque hectare. Je ne veux même pas parler de tous les frais d'établissement, tant ils ont été coûteux; cependant, aujourd'hui, tous les propriétaires de Basse-Goulaine, inclus dans ce syndicat, se plaignent de n'avoir plus la même qualité de fourrages depuis que les crues de la Loire ne viennent plus fertiliser, comme jadis, la vallée de la Divatte. Vous voyez donc, Messieurs les Conseillers généraux, que toutes ces mesures prises, même, peut-être, avec de fort bonnes intentions, profitent beaucoup plus aux Ingénieurs, qui s'en font des appointements annuels, qu'aux propriétaires qui, au contraire, ont à en payer tous les frais d'établissement, d'entretien, de surveillance, d'administration, etc., etc., pour voir, parfois, leurs revenus amoindris:

1° en nature, par le manque positif de qualité dans le produit de leur

sol, et 2° en espèces, par le prix élevé de cotisation, imposé chaque
année à chaque hectare, quoique la surface du syndicat soit extrêmement considérable.

Tout cela est très-bon à exposer et à retenir, pour comprendre,
dès le début, tout ce que l'on veut nous imposer sous le trop large
couvert de l'**intérêt public**, mot parfait pour tout permettre.

Obligation de nous préserver des inondations.

Après avoir mis en relief les trois demandes du Conseil général,
qui n'ont été émises que sous l'influence des agents des Ponts et
Chaussées, je dois, pour être juste, faire ressortir, aussi, ce qui dans
ces motions a réellement l'air de protéger les intérêts des propriétaires de la vallée de la Rance : Cela se trouve dans le compte-rendu
de la séance du 23 août 1872. Il y est dit : « Votre commission vous
» prie de faire droit aux vœux du Conseil d'arrondissement de
» Dinan, qui demande le règlement des usines placées sur la Rance
» et le nettoyage et le curage de cette rivière, *de façon à préserver*
» *des inondations les terres voisines.* »

Voilà donc enfin la vérité, et l'expression formelle de la volonté du
Conseil général !

Il tient à ce que *l'on préserve des inondations les terres voisines
de la Rance.*

Vous ne donnez aux Ingénieurs mandat et permission de travailler,
qu'à la condition parfaitement précisée « *de préserver des inondations les terres voisines.* »

Remarquez, je vous prie, Messieurs, que le Conseil général ne fait
aucune distinction entre les inondations ordinaires et extraordinaires;
ainsi que le veulent établir Messieurs les Ingénieurs; il dit : *de façon
à préserver des inondations les terres voisines.*

Ce n'est, tout au plus, qu'à cette condition expresse que les Ingénieurs peuvent réglementer les usines, imposer le nettoyage et le
curage de la Rance, etc. Voilà le texte positif des délibérations du
Conseil général. Il est assez clair pour être compris.

Donc, si le résultat désiré n'est pas possible à atteindre, au prix
de tant de sacrifices et de dépenses, pourquoi tenir tant à nous imposer tous ces sacrifices et toutes ces dépenses !

Est-ce qu'il y aurait, Messieurs les Conseillers généraux, une raison autre et au-dessus de celle que vous avez si bien formulée en disant : *« de façon à préserver des inondations ? »*

Peut-on positivement réussir avec les travaux indiqués par MM. les Ingénieurs à empêcher les inondations de la Rance ?

Maintenant, demandez à Monsieur l'Ingénieur en chef, qui est près de vous, Messieurs, si avec les travaux qu'on veut nous faire faire, il peut, sur sa parole d'honneur, prendre l'engagement de nous préserver des inondations de la Rance ? Je suis certain qu'il ne l'osera pas, qu'il vous répondra ce qu'il m'a déjà dit, lorsqu'en décembre 1872, j'eus l'honneur de le voir ; c'est qu'il ne pouvait rien du tout contre les inondations extraordinaires, qu'elles n'étaient même pas de sa compétence. Du reste, en ce moment-là même, malgré tous les grands travaux de réglementation faits par les Ingénieurs à Boutron, toute la vallée de la Rance était inondée à plus de six kilomètres au-dessus de ce Boutron, jusqu'au Besso et bien au-delà.

La question est donc jugée.

Nous ne pouvons point être tenus de faire les travaux que Messieurs les Ingénieurs veulent déduire des demandes posées par le Conseil général, puisque les Ingénieurs les plus capables déclarent, eux-mêmes, ne pouvoir aucunement arriver au but que vous avez, Messieurs, parfaitement déterminé ; but qui, du reste, est le seul résultat avouable, pour équitablement motiver de semblables dépenses, mises, surtout à la charge personnelle de quelques particuliers. Car retarder, d'une heure peut-être, ou de deux au plus, la modification de l'inondation ordinaire en inondation extraordinaire, seul résultat possible en raison de l'énorme quantité d'eau qui arrive en un instant, lors des crues, ne peut être un motif assez plausible pour nous imposer de tels sacrifices, lorsque leur inutilité est non-seulement démontrée, mais de plus avouée par les Ingénieurs eux-mêmes, quand ils sont obligés de s'expliquer catégoriquement.

Pour que tout le monde puisse bien comprendre ce point essentiel, qui résume pour ainsi dire, à lui seul, toute la question traitée dans ce mémoire, j'ajouterai que la seule distinction, pour les Ingénieurs, entre les inondations ordinaires et extraordinaires, n'est autre que de voir la Rance rester dans son lit, réglé par ces Messieurs à 16 mètres ; alors, il est entendu, que c'est une inondation ordinaire. Mais si la Rance franchit ses rives, pour se répandre sur la vallée, c'est, disent-ils, une inondation extraordinaire.

J'aime encore mieux la définition plus simple et plus vraie du dictionnaire. Au mot *Inondation*, je trouve débordement d'eaux sur un pays ; eaux débordées. Il est donc plus qu'évident, par les deux définitions précitées, que les ingénieurs seront toujours maîtres des crues qui voudront bien se maintenir dans le lit de la Rance : mais qu'ils ne pourront rien du tout dès qu'il y aura *ce qu'ils veulent appeler une inondation extraordinaire, quoique ce ne soit réellement qu'une inondation.* Cependant, c'est uniquement contre ces débordements de la Rance que le Conseil général demande un remède efficace, et les Ingénieurs répondent qu'ils n'en ont pas !

Mais malheureusement, cette réponse négative des Ingénieurs n'est pas encore le seul aveu, la seule affirmation irrécusable de leur impuissance très-complète.

Preuve de l'impuissance des travaux exécutés pour empêcher les inondations.

L'homme, malgré toute sa science, ne domine pas, quand il le veut, les lois de la nature.

Aussi les travaux de réglementation, déjà exécutés dans les meilleures conditions possibles, viennent-ils, *après expérience faite*, témoigner contre les prétendus avantages des réglementations et fournir la preuve la plus évidente, la plus incontestable, de l'inutilité de cette mesure. Donc, je puis, aujourd'hui, affirmer et prouver en indiquant les lieux, que ces réglementations ne produisent aucun résultat favorable, appréciable, à cause du volume considérable des eaux, qui se réunissent, en un instant dans la Rance, dès que ses nombreux affluents grossissent, le moins du monde.

Comme je tiens beaucoup à toujours apporter la preuve positive de ce que j'avance, je consigne ici que, malgré la réglementation de Boutron, faite même par des ingénieurs, malgré celle des Mottais, parfaitement exécutée, malgré la situation très-exceptionnellement avantageuse de ces deux réglementions à l'issue de la vallée, au 5 décembre 1872, lorsque je suis allé dans ce pays, pour voir et me rendre bien compte de tout cela, l'eau noyait malgré toutes ces bonnes conditions de débit, la roue hydraulique de mon usine du Besso, presque jusqu'à son axe, absolument comme avant l'exécution de ces deux réglementations parfaitement faites, je crois.

Cependant le moulin du Besso est à six kilomètres en amont de Boutron. *(Voir la carte d'Etat-Major.)*

L'eau, alors, était tellement haute, dans toute cette vallée, au-dessous du Besso, que les corbeaux de bois du pont du Besso, en ce moment en construction sous la direction des Agents-voyers, corbeaux qui n'étaient pas encore chargés [de leurs poutres, ont été emportés par le courant : ce fait fixe le niveau d'eau, atteint au 5 décembre 1872, à plus haut que la cote de hauteur qui a sans doute été fournie par les Ingénieurs eux-mêmes aux Agents-voyers pour la construction du dit pont du Besso, et il prouve en même temps, de la façon la plus incontestable, que les réglementations, exécutées au-dessous, n'ont pas même diminué le niveau d'eau des inondations.

Qui est-ce qui prouvera, je le demande, à MM. les Conseillers généraux et aux Ingénieurs, mieux que ces deux faits, constatés sur les lieux mêmes, quoiqu'ils soient parfaitement réglementés, toute l'inefficacité des réglementations ?

Après avoir vu ce triste résultat obtenu au-dessous du Besso, je veux citer celui de mon moulin de Mont-Musson qui est au-dessous et que j'ai fait réglementer largement et à grands frais, voici deux ans. J'espérais, d'après les dires des Ingénieurs, améliorer mon marais du Besso : mais, également au 5 décembre 1872, j'ai vu, avec regret, que l'eau y montait, absolument, au même niveau qu'autrefois; car la Rance n'est qu'un énorme torrent, sans lit.

Les faits ne doivent-ils plus avoir de valeur, et l'expérience, dans cette question, ne doit-elle être comptée pour rien ?

Pourquoi donc, en présence de ces résultats pratiques, qui prouvent la valeur trop négative de ces réglementations coûteuses, veut-on poursuivre cette voie, nous obliger à y ajouter encore des curages à vieux fonds et à vieux bords et à nous faire jeter, ainsi, tant d'argent dans l'eau, sans aucune utilité.

Mieux vaudrait se rendre à l'évidence et admettre que la Rance est très-fréquemment trop considérable pour que ces faibles moyens aient même une influence appréciable sur les inondations.

J'ai dit plus haut *(voir page 15) qu'il aurait été fort désirable que le Conseil général, en entrant dans la question des inondations de la Rance, eût examiné et se fût assuré si l'on pouvait positivement réussir, avec les travaux indiqués par les ingénieurs, à empêcher les inondations nuisibles de la Rance ?

D'après tout ce que je viens de mettre sous vos yeux, Messieurs les Conseillers généraux, il me semble que ce premier point si essentiel, puisqu'il est la base même de la discussion, a été résolu de la façon la plus négative et la plus concluante.

Passons au second point, indiqué également *(page 15.)*

Les inondations de la Rance sont-elles plus nuisibles qu'utiles aux propriétaires de cette vallée ?

Comme je vous l'ai déjà dit, Messieurs, j'étais à la réunion des propriétaires de la vallée, convoqués à Evran, pour tenter de former un syndicat. Là, nous avons discuté nos intérêts, apporté nos preuves et présenté nos chiffres à l'appui. Aussi, je crois, aujourd'hui, un peu connaître la question et pouvoir, sans crainte d'être démenti, me faire l'interprète de tous ces Messieurs, en disant que nous trouvons notre position de propriétaires dans la vallée bien meilleure que celle des propriétaires des coteaux.

Je ne puis, à si longue date, me souvenir des chiffres précis qui furent alors cités par plusieurs de nous, mais, toujours est-il que la proportion restait pour ainsi dire à peu près la même, entre tous, pour établir la valeur du rendement des terres inondées et de celles qui ne le sont jamais.

Pour vous en bien préciser la différence, très à l'avantage des terres inondées, voici mon estimation personnelle qui n'était pas la plus élevée ; car, je me souviens que celle de M. Ménard, d'Evran, la dépassait.

J'estime et j'affirme l'hectare de mes terres, non exposées aux inondations, entre soixante et soixante-quinze francs, et l'hectare de celles qui, au contraire, ont le bénéfice de cette fertilisation abondante et gratuite, est compté par moi entre cent vingt et cent quarante francs de revenu annuel. C'est-à-dire environ le double de celui des terres qui ne sont jamais couvertes d'eau. Telles sont les bases de mes locations pour mes fermes du Besso, du Verger, du Haut Mont-Musson, du Bas Mont-Musson où il y a des terres des deux sortes, et du marais du Besso. Les baux sont notariés.

Cette déclaration, quoique fort positive, ne veut pas dire, du tout, que j'affirme que les inondations ne nous sont jamais nuisibles. Loin de là, je sais trop ce qu'elles coûtent lorsqu'elles emportent chaussées, vannes, déservoirs et moulins, ou lorsqu'en en Avril ou Mai elles détruisent nos récoltes et nos foins. Mais, toujours est-il qu'en comptant une année fâcheuse sur cinq ans, même sur quatre, un fermier peut payer les prix portés plus haut et faire d'excellentes affaires. La preuve en est fournie par mes fermiers eux-mêmes du Besso et du Verger qui, depuis fort longtemps chez moi, viennent de relouer leurs fermes au prix de quatre-vingt dix francs chaque hectare, tant terres inondées que terres sèches ; plus, par an, cinq charrois et autres charges sur l'ensemble de chaque bail.

Mes deux fermes de Mont-Musson, qui ont moins de terres inondées, n'arrivent qu'au prix de quatre-vingt francs par hectare avec les mêmes charges. J'ajouterai encore que mon Marais du Besso, de douze hectares soixante-cinq ares, sans aucun bâtiment, marais, dont le nom précise parfaitement la qualité inférieure, est loué quinze cent francs, soit cent vingt francs l'hectare.

Cela vous prouvera, Messieurs les Conseillers généranx, mieux que les longues phrases de ceux qui n'ont jamais à la bouche pour appuyer leurs motions peu étudiées, peu réfléchies, peut-être intéressées, que les grands mots, intérêt général, bien public; cela vous prouvera, dis-je, que les propriétés situées dans la vallée de la Rance *sont fort loin de mériter tant de commisération, tant de sollicitude, et par suite, tant de travaux pour les améliorer.*

Comme dernier argument, pour clore ce grave débat, sans réplique possible; j'ajouterai que j'offre, à ceux qui se plaindraient d'avoir en Evran, Saint-André et Le Quiou des propriétés soumises aux inondations de cette vallée, de les leur échanger, quand ils voudront, hectare contre hectare : c'est-à-dire contenance pour contenance et, pour faciliter cet échange, je leur indique, dans ces communes précitées, mes quelques fermes qui n'ont jamais rien à redouter des inondations prétendues si redoutables.

	hec.	a.	c.
Ces fermes sont : celle de Loublairie, de	40	00	00
Celle du Bas-Breil, de	47	53	70
Celle de la Folie, de	30	38	20
Celle de la Cogneraie, de	27	96	20

Ainsi, si les plaignants veulent me fournir un ensemble de 146 hectares, ou des agglomérations séparées, répondant à celles précitées, je serai très-enchanté, je vous assure, de voir que quelques-uns de ces messieurs ne pensent pas du tout comme moi sur la valeur de ces terres, et d'échanger ces quatre fermes contre autant de leurs terres de vallée. Mais bien certainement je ne trouverai pas un seul propriétaire, assez peu renseigné sur la valeur des terres de vallée, pour aller jusqu'à conclure un marché si désastreux pour lui !

Où trouvera-t-on une preuve plus concluante que celle-ci ?

Maintenant établissons ce qui donne lieu aux plaintes, toujours peu définies, peu sérieuses, que l'on entend parfois, contre les inondations de la Rance, lorqu'elles sont tardives et dès lors nuisibles.

Il est très-positif que toute la vallée de la Rance composée de terrains d'alluvion, fertilisée sans cesse par des inondations, qui y apportent régulièrement et sans frais des détritus et des limons, cause d'une extraordinaire fertilité, est un sol très-rare à rencontrer ; aussi les prix de location de ces terres sont-ils fort élevés à cause de l'abondance de leurs produits si avantageux.

Il en résulte que, lorsqu'une inondation tardive arrive en Avril ou Mai, elle cause de grands préjudices ; d'autant plus nuisibles que ces terres sont exceptionnellement productives. C'est pour cela qu'alors ces populations se plaignent pour pousser le Gouvernement ou le Département, peu leur importe, à dépenser, sur les impôts publics, bien entendu, une somme considérable pour entreprendre des travaux qui, si c'était possible, leur éviteraient cet inconvénient, parfois nuisible à leurs revenus, et leur conserveraient en même temps tous les avantages des inondations qui ne surviennent qu'en temps opportun. Elles se gardent bien, alors, d'avouer que c'est la contre partie indispensable de l'immense fertilité de ces terres qui n'est due qu'aux inondations.

Mais, si on leur demande de verser, elles-mêmes, les fonds nécessaires pour ces travaux, qu'elles voudraient voir, quoique peu pratiques, exécuter aux frais du Gouvernement ou du Département, elles déclarent, alors, tout franchement, que les résultats ne seraient aucunement en proportion des sacrifices, que ces ouvrages pourraient même nuire à la fertilité, s'ils parvenaient à priver, à tout jamais, leurs terres des inondations, et que *leur position pré-*

sente est non-seulement très-bonne, mais encore toute excep-
tionnelle, malgré la chance de subir parfois de très-grandes
pertes.

Ceci rentre parfaitement dans ce que m'a fait l'honneur de me
dire, à ce sujet, l'ancien préfet, M. de Flavigny, relativement aux
inondations des rives de la Loire, qui, lorsqu'elles se produisent dans
des conditions inusitées, font crier bien haut les victimes du désastre,
mais qui, malgré cela, n'empêchent personne de désirer s'établir
dans la vallée et d'y payer l'hectare de terre incomparablement plus
cher que sur les coteaux où il n'y a rien à craindre des eaux.

Donc leurs conséquences fâcheuses doivent rester au compte de
ceux qui les recherchent sciemment. Moi-même, j'habite sur les
rives de la Loire ; aussi je sais parfaitement que, depuis Orléans jusqu'à Nantes, les terres de vallée, *soumises aux inondations*, sont
incomparablement les meilleures et, par suite, les plus chères de ce
beau pays. Du reste personne n'ignore que la fertilité de l'Égypte
n'est due qu'aux inondations du Nil.

N'est-il pas, maintenant, parfaitement prouvé que les inon-
dations sont, au moins, aussi utiles que nuisibles ?

De tous ces faits, la conclusion forcée est que l'extraordinaire pro-
duction des terres de la vallée de la Rance, ne peut être attribuée
qu'à ses inondations. *Et pourquoi tendrait-on, sous prétexte*
d'amélioration, à diminuer cette fertilité, même à nous l'en-
lever !

Voilà, je crois, un ensemble d'arguments qui, mettant à néant
l'utilité publique, doit, par là même, arrêter aussi la sollicitude du
Conseil général et calmer le zèle de l'administration des Ponts et
Chaussées, pécuniairement trop intéressée dans la question.

Raisons qui s'opposent à la réglementation de l'usine du Besso.

Après vous avoir soumis, Messieurs les Conseillers généraux, ces
faits et ces réflexions, j'arrive à la réglementation de l'usine du
Besso, qui n'est qu'un mince détail dans tout cet ensemble de mesures
ruineuses projetées contre les propriétaires voisins de la Rance.

Le Conseil général a demandé, d'après les considérations précitées,
la réglementation de l'usine du Besso.

Dès lors la direction des Ponts et Chaussées a donné l'ordre à l'Ingénieur de l'arrondissement de faire un rapport pour conclure à la réglementation.

Mais, dans cet empressement à vouloir agir contre mon usine, ni les Ingénieurs, ni le Conseil général, n'ont réfléchi que trois raisons majeures et positives s'opposaient encore à ce que l'usine du Besso soit réglementée, du moins avec équité.

La première, *c'est que*, quoiqu'en dise le rapport de M. l'ingénieur d'arrondissement, *mon usine n'est aucunement sur la Rance et que, par l'établissement tout spécial de ses chaussées, elle laisse aux eaux, lors des crues, un passage plus considérable que les seize mètres demandés pour les inondations ordinaires.*

Le deuxième, *c'est que cette usine est placée au milieu de mes terres, par conséquent elle ne peut faire déborder ses eaux sur nul autre propriétaire que sur moi seul, lors des inondations ordinaires.*

La troisième qui, au besoin, dispenserait de discuter les deux autres, *c'est que les lois qu'invoque l'arrêté préfectoral ne peuvent ni permettre la réglementation, ni établir aucun droit contre mon usine, puisqu'elles lui sont de beaucoup postérieures.*

Premier argument.

L'ordre de la direction des Ponts et Chaussées semble avoir dispensé Monsieur l'Ingénieur d'arrondissement, chargé du rapport, d'examiner sérieusement les lieux, d'étudier cette usine sous tous ses différents aspects, pour ne formuler son opinion qu'en parfaite connaissance de cause.

Il a cru, puisque l'on voulait une réglementation, ne rien pouvoir faire de mieux, pour satisfaire ses chefs, que d'établir le raisonnement suivant :

L'usine du Besso, appartenant à M. Hersart du Buron, est située sur la rivière de Rance, elle l'obstrue, elle la bouche, puisqu'il faut à cette rivière seize mètres d'ouverture et que les ouvrages régulateurs de cette usine n'offrent que douze mètres seize centimètres; donc il faut déboucher cette rivière, en imposant à M. Hersart du Buron de construire des vannes et des déversoirs, pour obtenir seize mètres d'ouverture et avoir un débit de dix-neuf mètres quatre-vingt-quatorze centimètres par seconde.

Toute cette argumentation serait très-logique, j'en conviens, *si, heureusement pour moi, il n'y avait pas un tout petit fait matériel qui l'infirme complétement : c'est son premier point de départ, qui place mon usine sur la rivière de Rance ; lorsqu'elle n'y est aucunement.* (Voir le rapport de Monsieur l'Ingénieur d'arrondissement, du 11 mai 1872.)

Cette affirmation positive, faite, cependant, dans le rapport officiel de l'Ingénieur d'arrondissement, est tout-à-fait contraire à la vérité.

Croyez qu'il m'est très-pénible de trouver un rapport officiel si complétement en défaut que je suis dans la nécessité de commencer **par contester, même, la vérité du point de départ !**

Cependant, je ne dois toutes les difficultés qu'on m'a créées, tous les voyages auxquels j'ai été obligé, tout cet ennuyeux et coûteux travail pour en triompher, qu'à cette erreur matérielle par trop flagrante, peut-être volontaire.

Aussi, je ne comprendrai jamais qu'elle ait pu, même, être avancée par un Ingénieur d'arrondissement, dans une question qui avait de telles conséquences, et lorsqu'il était chargé de faire un rapport officiel, qui devait être la base de tout ce qui devait suivre.

Cette grave erreur est-elle bien involontaire ?

Ne serait-elle pas là, tout exprès, pour le besoin de la cause ?

On voulait réglementer l'usine du Besso ; donc elle devait être située sur la Rance et la boucher. Cependant l'état des lieux est tellement évident et incontestable que je puis affirmer que toute personne, même peu compétente, qui visitera l'usine du Besso, verra du premier coup d'œil, que non-seulement cette usine n'est pas située sur la Rance, mais que, pour l'obtenir et y avoir une chûte d'eau pour la roue hydraulique, il a fallu, jadis, créer un bief entièrement factice, tout-à-fait coûteux, en élevant de mains d'hommes une chaussée continue, qui part de la rive Nord de la Rance et s'arrête à la roue du moulin.

Comme cette chaussée a, d'après le cadastre, environ deux cent soixante mètres, il me semble qu'elle est assez longue et assez forte pour être visible à l'œil d'un Ingénieur d'arrondissement, qui avait un rapport officiel à faire sur cette usine, et qui cherchait le vrai.

Cependant elle a passée inaperçue, quoiqu'elle fût encore indiquée d'une façon matérielle et incontestable sous les n° 115 et 108 du plan cadastral.

Tout cela devait-il, oui ou non, être examiné ?

Voilà, néanmoins, ce qu'un Ingénieur n'a ni vu, ni reconnu, dans son rapport officiel !

Pourquoi cette omission ?

Elle est fort extraordinaire de la part d'un homme dont la capacité est si incontestée, par ses chefs, qu'il remplit les fonctions d'Ingénieur d'arrondissement, sans l'être cependant.

Loin d'obstruer et de boucher la Rance, comme Monsieur l'Ingénieur l'a établi, l'usine du Besso, non située sur la rivière, offre, déjà, par ses ouvrages régulateurs, en plus du débit qui s'effectue par-dessus cette chaussée de 260 mètres, un autre débit factice de douze mètres seize centimètres à ajouter à ce considérable débit naturel, que je viens d'indiquer ; puisqu'on a voulu l'omettre pour le besoin de la cause, afin de réglementer cette usine.

Ce très-large débit naturel s'exerce par deux voies positivement constatées au cadastre, dont l'Ingénieur n'a tenu aucun compte et qui y sont indiqués : l'une sous le nom de Ruisseau du Petit-Bois et l'autre d'ancien Lit de la Rivière, situé au pied même de mes chaussées et dans toute leur longueur.

Le débit, qui s'effectue par-dessus les chaussées du bief factice, fonctionne toujours et grandit à mesure que les eaux s'élèvent un peu ; débit qui s'exécute en passant sur les parties basses des numéros du cadastre 113, 114 et 108, ancien lit de la Rance, qui lui livre encore passage, dès que son niveau le réclame, sans aucun préjudice pour personne, parce que ces terres m'appartiennent en entier et qu'étant l'ancien lit de la Rance, elles sont destinées par nature à être noyées.

Pour bien faire comprendre toute l'importance de ce débit naturel, j'ajouterai que j'ai vu, le 14 juin 1873, la Rance, grossie par les orages de cette époque, couler à pleins bords sans noyer une seule parcelle de terre, parce qu'elle se déversait par-dessus mes chaussées pour entrer un peu dans le Ruisseau du Petit-Bois et surtout dans l'ancien lit de la Rance. L'eau couvrait alors de quatre ou cinq centimètres toutes les parties basses de mes chaussées et la longueur submergée pouvait, à vue d'œil, être appréciée à trente ou trente-cinq mètres.

Les gens du pays me dirent, alors, qu'il fallait encore que les eaux s'élevassent de douze à treize centimètres, par-dessus les chaussées, avant que la prairie de la Pépinière, qui est ma propriété sur la rive Sud, fût atteinte, et qu'avant d'arriver à mouiller les terres de la pièce du Grand-Bois d'Abas, autre propriété m'appartenant, encore, sur la rive Nord, il fallait que la nappe d'eau sur les chaussées eût au moins de 18 à 20 centimètres.

Voici un fait : Je suis heureux de dire que, même Monsieur l'Ingénieur d'arrondissement et moi, nous étions d'accord sur ce point, lors de la commission d'enquête. Ajoutez-y que ces deux parcelles précitées sont les deux premières que les inondations puissent atteindre.

Lorsque cela arrive, cette masse d'eau, qui se déverse par-dessus mes chaussées, devient de plus en plus considérable à mesure que la Rance grossit, parce que les eaux s'élèvent; alors il passe plus de 5 mètres d'eau, sur la longueur noyée des chaussées.

C'est ce débit naturel qui s'effectue par-dessus mes chaussées submersibles et qui s'augmente en raison de l'élévation des eaux, qui doit être calculé et ajouté à celui des ouvrages régulateurs.

On ne peut pas le compter à moins que ce que le Ruisseau du Petit-Bois et l'ancien lit de la Rance offrent au passage des eaux : *car, ces deux débits supplémentaires ne se remplissent que de celles qui se déversent par-dessus la longueur de mes chaussées.* Du reste, il est évident, pour l'observateur, qu'ils n'ont été créés, jadis, que pour laisser le débit voulu aux eaux ; même l'œil perspicace, qui ne tient pas à obtenir une réglementation, verra que le Ruisseau du Petit-Bois est bordé, sur sa rive la moins élevée, d'un relevé protecteur en terre, pour lui donner plus de profondeur, afin qu'il y passe plus d'eau, sans nuire aux terres voisines, lors des crues ordinaires.

Notez que ce n'est que lorsque ces deux voies de décharge ne suffisent plus qu'il y a inondation ; mais, alors, c'est ce que les Ingénieurs nomment inondations extraordinaires. Nous ne devons pas nous en occuper plus qu'eux.

De tout cela il ressort que rien n'est plus facile que de réglementer l'usine du Besso, au gré de Messieurs les Ingénieurs, *si elle ne l'était déjà,* en nivelant mes chaussées sur une longueur suffisante, pour procurer les 3ᵐ84 demandés.

Pour moi, l'on a pas voulu reconnaître ce débit naturel, afin d'obtenir une réglementation ; *car, mes chaussées, j'en suis*

...convaincu, ajoutent, dans leur état présent, au moins 5ᵐ de débit aux 12ᵐ16 constatés, avant de noyer une seule parcelle.

Veuillez, Messieurs les Conseillers généraux, faire la plus grande attention à tout cet exposé ; car, non-seulement il résout bien simplement toutes les difficultés que m'imposerait une réglementation artificielle ; mais vous voyez, même, qu'elle existe déjà, qu'elle a, de plus, toujours naturellement existé depuis la création de l'usine ; cela ne prouve-t-il pas, encore, que Messieurs les Ingénieurs ne veulent rien voir, rien admettre, lorsqu'ils y sont intéressés.

Le Conseil général s'assurera de cette vérité : il fera 1° *constater cette situation, qui n'est point celle qui a été indiquée ; 2° mesurer le débit que tout cet état des lieux fournit, pour venir en aide à celui de l'usine, et il le saura supérieur aux exigences.*

Ce débit doit être calculé en en fixant les mesures, comme base, à la longueur de mes chaussées couvertes d'eau lors des inondations, et comme hauteur à l'épaisseur de la nappe d'eau qui se déverse par-dessus lesdites chaussées, pour venir chercher son issue par l'ancien lit de la Rance.

Je veux bien ne compter pour rien l'autre débit qui s'exerce par le Ruisseau du Petit-Bois et le laisser entièrement comme bonification gratuite au profit de Messieurs les Ingénieurs, en raison de leurs exigences ; donc, voyez que je ne marchande pas.

Dans ces conditions, toutes avantageuses pour ces Messieurs, ils ne pourront pas cependant me dénier que, puisqu'ils tiennent à 3ᵐ,84 de débit, en plus de celui offert par les ouvrages régulateurs de mon usine du Besso, ils les trouveront inévitablement, si l'eau passe sur mes chaussées pendant une longueur de 24ᵐ, avec une épaisseur de nappe d'eau de 0ᵐ17, car cela donne 4ᵐ08.

Je maintiens et je soutiens, pour l'avoir appréciée deux fois, en Mars et en Juin 1873, que l'état actuel donne bien plus de débit aux eaux que ces 4ᵐ08 ainsi indiqués, puisque j'ai vu l'ancien lit de la Rance, près de la décharge de mes déversoirs, c'est-à-dire dans sa plus grande largeur, être comblé par l'eau qui se déversait sur mes chaussées, *sans qu'il y eut inondation sur la pièce du Grand-Bois d'Abas, ma propriété personnelle : et tout le monde sait qu'il faut qu'elle soit noyée pour que les eaux atteignent d'autres propriétaires.*

Donc, le débit qui s'exerce par-dessus mes chaussées équivaut

à la surface que donne la coupe de l'ancien lit de la Rance, près de la voie de décharge de mes déversoirs. Vous voyez que je n'ai aucun besoin d'y ajouter le débit du Ruisseau du Petit-Bois, pour être bien grandement en règle. **Tout cela eût dû être apprécié!**

Il serait plus que temps que Messieurs les Ingénieurs voulussent bien le voir, le constater et l'admettre; je pourrais, alors, vivre tranquille, sans être forcé de faire des voyages, de publier des mémoires pour leur prouver toutes ces choses trop évidentes!

Les faits, ainsi posés, j'ose espérer que Monsieur l'Ingénieur en chef reconnaîtra que cette issue naturelle, *toujours laissée aux eaux de la Rance, quand elles grossissent,* est de beaucoup supérieure aux exigences de la réglementation demandée par son prédécesseur et l'Ingénieur actuel de l'arrondissement de Dinan.

Cette réglementation porte le débit à 16ᵐ d'ouverture, et il est constaté par le rapport fait contre mon usine qu'elle offre déjà un débit de 12ᵐ,16; *il ne reste donc à trouver que* 3ᵐ84, *pour que l'administration et moi nous soyons tout à fait d'accord.*

Certainement ces 3ᵐ84 d'ouverture demandés seront plus que justifiés, *par l'état des lieux |sérieusement constaté,* ainsi que je l'indique plus haut.

Il ne peut en être autrement, puisque c'est l'ancien lit de la rivière.

J'observerai que si, lors de la confection du cadastre, travail que l'on n'a pu exécuter que dans la belle saison, l'on n'a indiqué sur les plans, ces parcelles que comme de faibles ruisseaux, ce n'est pas, parce qu'il n'y avait alors, pour ainsi dire, que de l'herbe sur le sol, et que dès lors ces ruisseaux paraissaient petits, une preuve qu'aujourd'hui l'eau de la Rance ne peut plus y passer.

Si Monsieur l'Ingénieur d'arrondissement n'a pas voulu l'admettre, comme tant d'autres choses, Monsieur l'Ingénieur en chef appréciera facilement que c'est une erreur; *car toute la question est dans le niveau auquel les eaux peuvent s'élever, sans déborder sur la vallée, et dans les issues ou débits laissés à ces eaux peu importe par où.*

Aussi, je crois pouvoir répondre, en toute vérité, à Messieurs les Ingénieurs, que mon usine du Besso est présentement parfaitement conforme à leurs désirs, puisque, par ses ouvrages régulateurs, elle offre 12ᵐ,16 de débit et, en outre, par la disposition des chaussées factices, que je viens d'indiquer, bien plus que les 3^m,84 nécessaires pour compléter les 16 mètres demandés par Messieurs des Ponts et Chaussées.

Du reste, ces Messieurs sont trop intelligents pour ne pas admettre que s'il manquait présentement quelque chose à la dimension réglementaire, rien ne serait plus facile que d'augmenter le débit naturel en nivelant mes chaussées sur un peu plus de longueur : ce qui ne serait rien, comparativement à des vannages et déversoirs à faire à nouveau. Mais c'est, certainement, très-inutile.

Maintenant, partout ce qui précède, je pense avoir parfaitement prouvé mon premier moyen, basé sur ce que la réglementation demandée existe réellement, ou tout au moins qu'elle peut être obtenue à peu de frais.

J'ai dit aussi que j'avais un deuxième et un troisième moyen par lesquels je tenais à établir, à démontrer *que l'administration n'a pas même le droit de m'imposer cette réglementation.*

Deuxième argument : Parce que mon usine, étant située au milieu de mes terres, ne peut faire déborder les eaux sur nul autre propriétaire que moi seul, lors des inondations ordinaires.

Dès lors, qui pourrait s'en plaindre, si je le trouve bon ?

L'usine du Besso est établie au milieu de mes propriétés, qui la cernent de toutes parts et au loin, tant au nord qu'à l'est, qu'au sud et à l'ouest.

Non-seulement même les rives sud et nord de l'ancien lit de la Rance sont entièrement à moi (*voir au cadastre les n°s 114, 113, 112, 115 et 116*), mais je possède en plus, à moi seul, tout ce qui s'étend jusqu'au Ruisseau du Petit-Bois ; je vous fais grâce de tous les numéros du cadastre, et par de-là ce même ruisseau, c'est-à-dire, encore, sur sa rive nord, j'ai, en outre, les parcelles 29, 31 et 33.

De plus, veuillez le remarquer, toutes les terres qui sont au-dessus de mes chaussées, jusqu'à mon autre usine de Mont-Musson, sont toujours à moi, sans en excepter la moindre petite parcelle, ce sont : les n°s 67, 65, 66, 64, 59, 63, 62, 61, 69, 68, 70, 71, 94, 95, 96, 97, 103, 104, 105, 106, 107, 125, 126 et 127.

Vous voyez donc, Messieurs les Conseillers généraux, que si mon usine nuisait à quelqu'un, j'en serais la première victime.

De plus, veuillez croire que, simplement pour satisfaire un entêtement qui, s'il existait chez moi, serait par trop stupide, je ne suis pas du tout désireux de ruiner tant d'hectares de mes meilleures terres et de me priver de leurs revenus si avantageux. Aussi, si parfois ces terres sont couvertes d'eau, ce n'est jamais que quand il y a force majeure, ou ce que les Ingénieurs nomment inondations extraordinaires, contre lesquelles les travaux qu'ils désirent obtenir ne pourront jamais rien.

Ce fait tranche encore la question en ma faveur : car Messieurs les Ingénieurs n'ont point la prétention, vous le savez, d'empêcher les inondations extraordinaires.

Toutes ces terres ne sont noyées, je l'affirme, *que lorsque les travaux de réglementation de Boutron et ceux des Mottais ne suffisent pas du tout à l'écoulement des eaux de la Rance.*

Mais faire mieux, est-il possible ?

Cela est tellement vrai que, lors de ces crues considérables, les eaux de mon bief du Besso se répandent et passent par-dessus mes chaussées, puis se trouvent presque de niveau avec celles qui couvrent, alors, non-seulement tout l'ancien lit de la Rance, mais encore mes autres propriétés situées à la suite, et au nord le Ruisseau du Petit-Bois, plus le pays qui s'étend jusqu'à l'église de Saint-André, en un mot, toute la vallée, et cela, souvent, à une hauteur de près d'un mètre.

Ce que j'indique ici ne peut, même, être autrement. Il ne faut pas, ce me semble, être un ingénieur de premier ordre, pour facilement comprendre que l'eau de mon bief, avec ses chaussées submersibles, ne peut jamais monter qu'à la hauteur que lui assigne la crue, elle-même, par le niveau qu'atteignent les eaux de la rivière, puisqu'elle n'est point encaissée dans ses deux rives.

Mon usine, avec ses 260 mètres *de chaussées submersibles*, lors des crues de la Rance, ne peut donc avoir aucune influence pour rendre son niveau d'eau nuisible, même lors des crues ordinaires, puisque le débit devient plus important à mesure que les eaux s'élèvent et grandissent.

Mes chaussées ne peuvent donc nuire en amont : c'est incontestable, n'est-ce pas ? Aussi veut-on qu'elles nuisent en aval !

Le niveau des eaux dans mon bief est alors la conséquence forcée de l'inondation, et non sa cause, notez ce point, je vous prie.

Aussi, quand ces eaux débordent par-dessus, avec une épaisseur de plus de 20 centimètres, elles se mêlent forcément, tout aussitôt, à celles qu'elles rencontrent inévitablement de l'autre côté, pour ainsi dire à leur niveau. *Il s'en suit qu'il ne peut y avoir, pour personne, aucun préjudice provenant du fait de mon usine, puisqu'alors toute la vallée est positivement et nécessairement inondée.*

Si l'on veut que les inondations soient nuisibles, il ne faut pas, pour cela, en faire peser la responsabilité sur une usine, sans le démontrer très-catégoriquement.

Personne ne prouvera que mon usine du Besso puisse, même quelque peu, aggraver les inondations.

Aussi, je ne puis, ni comprendre, ni admettre ce que Monsieur l'Ingénieur d'arrondissement m'a dit de vive voix et de plus écrit à ce sujet, dans une lettre du 27 novembre 1872, où il m'exprimait textuellement, et par deux fois, *que mes chaussées portent préjudice aux propriétaires qui sont en aval de l'usine.* C'est à n'y pas croire ?

Voici le texte de la première phrase qui exprime une si étonnante pensée : « Quand on dit que les usines de Rougé et du Besso, dans
» les conditions actuelles, doivent porter préjudice aux propriétés
» riveraines, on entend, par ces préjudices, ceux que le déversement
» des eaux cause aux propriétés situées *à l'aval de ces usines, no-*
» *tamment aux prairies comprises entre le Besso et le canal.* »

Voici encore le texte de la deuxième phrase de la même lettre :
« Il est vrai que vous êtes propriétaire des deux rives de la Rance :
» mais, comme je vous l'ai dit plus haut, non seulement votre usine
» vous porte préjudice, *mais le déversement des eaux est aussi*
» *nuisible à l'aval de votre usine.* »

Je suis loin, je l'avoue, de pouvoir saisir par quelle loi physique les eaux nuiraient, *du fait de mes chaussées, à l'aval de mon usine; du Besso et jusqu'au canal;* ainsi que Monsieur l'Ingénieur d'arrondissement l'avance si facilement, bien entendu, sans même essayer de le prouver le moins du monde : Ne serait-ce pas trop difficile, même pour un ingénieur ?

Il est vrai que je ne suis jamais sorti de l'école des Ponts et Chaussées, mais il me semble que, *s'il existe une telle loi hydraulique, si peu connue du vulgaire*, il était indispensable à Monsieur l'Ingénieur d'arrondissement d'indiquer le pourquoi et le comment !

Des mots ne sauraient jamais être des raisons !

Quand on en est réduit à en donner de semblables, comme preuves et bases de l'absolue nécessité d'une réglementation, *n'est-ce pas implicitement avouer que l'on est dans l'impuissance, la plus complète, d'alléguer un tort réel et sérieux produit, en amont de l'usine, par ses chaussées ?*

Vous apprécierez, Messieurs.

Là, cependant, est toute la question, puisque l'on veut me faire augmenter le débit d'eau de cette usine du Besso.

Faut-il en être réduit à perdre son temps, à vous faire perdre le vôtre, Messieurs, pour établir et prouver, devant vous, de semblables vérités !

Comment, je le demande à tout homme non prévenu, les eaux qui, dans les grandes crues, se déversent par-dessus mes chaussées, pourraient-elles nuire, *du fait de mon usine,* aux prairies qui sont à l'aval, prairies indiquées, par Monsieur l'Ingénieur lui-même, être entre le Besso et le canal ?

1° Est-ce que mes chaussées ont des sources qui produisent les torrents qui passent par dessus ?

2° Si ces eaux nuissent à la vallée, lui seraient-elles moins nuisibles, si elles n'étaient point entrées dans mon bief ?

3° Dites-moi, je vous prie, à quoi Monsieur l'Ingénieur d'arrondissement les reconnaît, dès qu'elles sont confondues dans l'énorme masse d'eau qui existe alors ; dont, du reste, elles s'étaient séparées un instant avant, masse d'eau qui, dans ce cas, couvre toute la vallée ?

4° Dites-moi, encore, en quoi elles peuvent être plus nuisibles que les quantités vingt fois plus considérables auxquelles elles se réunissent en dehors des chaussées du bief ?

Il me semble qu'accuser l'usine du Besso de noyer les prairies situées entre le Besso et le canal, est par trop fort *pour être admis, même par l'homme le moins compétent, et cependant, c'est avancé par un ingénieur.*

Je sais bien que toutes ces prairies, lors des inondations, sont complétement noyées jusqu'au canal : déjà, au début de mon travail, je vous ai dit qu'au 5 décembre 1872, les eaux s'élevaient, dans cette partie du pays, presqu'à la hauteur de l'axe de la roue hydrau-

lique du moulin du Besso. J'ajouterai, d'après les renseignements que
j'ai pris alors, que les eaux s'étendaient du Besso jusqu'à l'église de
Saint-André et au village des Marres, puis, dans un autre sens, de
la Haute-Rivière à Bétineuc.

*Mais comment voulez-vous, Messieurs les Conseillers géné-
raux, que ce soient mes chaussées, situées en amont de mon
moulin, qui fassent les eaux s'élever d'une telle façon en aval du
dit moulin ?*

Ne trouvez-vous pas qu'il doit m'être bien pénible d'avoir, sur
une chose si évidente et si essentielle, une semblable contestation
avec Monsieur l'Ingénieur d'arrondissement ?

Si toutes les prairies précitées, du Besso au canal, c'est-à-dire
jusqu'à Boutron, notez-le, je vous prie, sont inondées, n'est-ce pas,
positivement et uniquement, parce que les travaux de Boutron, faits
par les Ingénieurs eux-mêmes, ne laissent pas, lors des inondations,
un passage suffisant aux eaux de la Rance ?

Personne ne peut nier cette cause trop évidente, car, aujourd'hui,
tout le monde sait, par l'amoncellement des eaux, dans la vallée
précitée, lors des crues, que les nouveaux travaux de Boutron ne
peuvent aucunement les débiter.

Monsieur l'Ingénieur de l'arrondissement de Dinan, sans doute pour
ne pas appeler l'attention publique sur les travaux très-insuffisants
d'un collègue, a poussé la complaisance jusqu'à avancer que c'étaient
mes chaussées qui causaient les inondations qui couvrent la vallée
jusqu'à Boutron.

Mais, qui admettra jamais, que les terres, qui s'étendent du Besso
à Boutron, c'est-à-dire jusqu'à six kilomètres *en aval de mon usine,*
puissent être noyées par le fait de mes chaussées ?

Vous voyez, Messieurs, à quels raisonnements arrive un Ingénieur,
pour obtenir une réglementation.

Veuillez, je vous prie, remarquer en passant, Messieurs les Conseillers généraux, le moyen plus ou moins ingénieux proposé, non pas
par l'Ingénieur de l'arrondissement, mais bien par l'administration
des Ponts et Chaussées elle-même, pour dénoyer ces prairies : c'est à
n'y pas croire ! On vous demande, *sérieusement et instamment,*
d'augmenter le débit de mon usine du Besso, mesure dont la conséquence immédiate, chacun de vous peut l'apprécier, serait de jeter,

en moins de temps encore, une ... ds grande quantité d'eau dans ces
six kilomètres de vallée, que, c... ...ndant, on tient, dit-on a dénoyer,
et cela, lorsque l'eau qui couvre ...s terres, ne peut aucunement être
débitée, même par les nouveaux ... vrages régulateurs de Boutron !

Il faut, réellement, voir de semblables projets pour les croire
avouables ; surtout lorsqu'ils émanent positivement de l'administration des Ponts et Chaussées !

Ce moyen proposé pour dénoyer cette vallée, résultat que les Ingénieurs veulent paraître si ardemment poursuivre, n'est-il pas, je
vous le demande, identiquement copié sur la si célèbre recette de
celui qui se mettait très-sérieusement dans l'eau pour ne pas se
mouiller ?

Que vous en semble, Messieurs les Conseillers généraux?

Après cette remarque, qu'il ne fallait pas négliger, car elle prouve
le parti pris de tout réglementer quand même, revenons à notre
sujet.

Ne serait-il pas beaucoup plus logique de voir et d'avouer que si
les eaux séjournent sur cette longueur de six kilomètres de prairies,
c'est que le passage leur est fermé à Boutron même et que l'usine du
Besso n'y peut rien.

Je vous soumets cette question très-importante, Messieurs les Conseillers généraux, car vous avez vu que l'Ingénieur d'arrondissement
est d'un avis tout différent : cela, suivant lui, tiendrait aux chaussées de mon usine : et je dois ajouter que, c'est quelquefois aussi
l'opinion de tout ce corps savant, lorsqu'il veut arriver à obtenir des
réglementations, sans avoir d'autres raisons plus concluantes et
plus vraies.

Je tiens à en fournir la preuve : elle existe dans l'arrêté préfectoral du 21 janvier 1869, qui m'a imposé la réglementation de Mont-
Musson ; car il n'était pris, vous allez l'apprécier, que sur de semblables données, formulées par le corps des Ponts et Chaussées. Vous
voyez que je ne suis jamais obligé de sortir de ce qui m'est personnel.

On y lit en toutes lettres : « Sur le rapport de l'Ingénieur en chef
» des Ponts et Chaussées, vu, en date du 21 mai 1867, *la lettre par*
» *laquelle Monsieur le Maire de Saint-André-des-Eaux signale*
» *la nécessité pour faire cesser une des causes des inondations*
» *déjà si fréquentes en cette commune et celle du Quiou, de régle-*

» menter le moulin de Mont-Musson, sur la rivière de Rance, en la
» commune du Quiou, etc., etc. »

D'abord, notez que Monsieur le Maire de Saint-André n'avait
aucune qualité pour faire une demande concernant la commune du
Quiou; mais Messieurs les Ingénieurs, ne s'arrêtent pas pour si peu,
lorsqu'ils pensent arriver à réglementer une usine. Puis, pour bien
comprendre combien ces considérants de Monsieur l'Ingénieur en chef
sont non-seulement nuls, *mais, je puis dire, contraires à la vérité*,
il faut savoir que la commune du Quiou est située sur la Rance positivement en amont de celle de Saint-André : que le moulin
de Mont-Mousson entièrement dans le Quiou est, par conséquent,
aussi, tout à fait en amont de Saint-André. Néanmoins, *toujours
avec le même système que les chaussées nuisent en aval*, un Ingénieur en chef, établit dans son rapport officiel *que l'usine de Mont-
Musson est la cause des inondations de Saint-André*. Et cela
étant devenu un principe absolu pour Messieurs les Ingénieurs, toute
cette réglementation de l'usine de Mont-Musson, située cependant
dans le Quiou, a été poursuivie, vous le voyez, Messieurs, par les
Ingénieurs, l'arrêté préfectoral le constate, *sur la seule demande du
Maire de Saint-André,* qui n'avait, pourtant, aucun droit pour en
formuler une à ce sujet, puisque sa commune, étant en aval du
Quiou, *ne pouvait aucunement souffrir du niveau plus ou moins
élevé des eaux de Mont-Musson*. **Où sont la vérité, la légalité?**

C'est encore très-extraordinaire, n'est-ce pas? Mais c'est néanmoins un fait irrécusable ; voyez l'arrêté préfectoral et les considérants des Ingénieurs, puis, appréciez ce que les particuliers ont à
souffrir !

Tout cela démontre, jusqu'à la dernière évidence, que la vérité,
l'équité, la raison et la légalité ne sont pas toujours les seules bases
des déterminations administratives, cependant fort vexatoires et
très-coûteuses, qu'il nous faut néanmoins subir !

L'arrêté préfectoral d'alors, dicté par les Ingénieurs, même évidemment copié sur leurs rapports, et tout ce que l'on m'a dit, dans le
temps, pour l'usine de Mont-Musson, comme tout ce que l'on me ré-
pète aujourd'hui pour celle du Besso, me remettent forcément en
mémoire la fable si vraie, en tout temps, *du Loup et de l'Agneau* de
notre inimitable La Fontaine, où je trouve ce passage qui dépeint si
parfaitement non-seulement ma triste position, mais encore celle de

beaucoup d'autres, vis-à-vis de Messieurs les Ingénieurs, que je
ne puis m'empêcher de la transcrire :

> Sire, répond l'agneau, que votre Majesté
> Ne se mette pas en colère ;
> Mais, plutôt, qu'elle considère
> Que je me vas désaltérant
> Dans le courant,
> Plus de vingt pas au-dessous d'elle ;
> Et que par conséquent, en aucune façon,
> Je ne puis troubler sa boisson.
> Tu la troubles ! etc., etc.

Alors, c'était l'Agneau qui buvait plus de vingt pas au-dessous de
seigneur le Loup et qui troublait son breuvage : Aujourd'hui, c'est
moi qui suis au-dessus des prairies noyées entre le Besso et Boutron ;
et mes chaussées, *que d'abord l'on accuse de trop fermer la Rance
au Besso, sont ensuite inévitablement, disent Messieurs les ingénieurs, la cause des inondations, non-seulement jusqu'à deux ou
trois kilomètres, mais même jusqu'à six, au-dessous de mon usine :
C'est-à-dire jusqu'au canal.* Le point est positivement déterminé
par l'Ingénieur de l'arrondissement !

Pour mon usine de Mont-Musson, j'ai subi la même logique. Vous
voyez, Messieurs les Conseillers généraux, que c'est identiquement,
même souvent, encore, comme au temps du bon La Fontaine : car je
n'ai que deux usines sur la Rance ! Eh bien, quoique la raison du
plus fort soit toujours la meilleure, dit encore, la même fable, je ne
puis comprendre qu'une chaussée d'usine *puisse par son barrage,*
en retenant les eaux, ce qui ne peut, ce me semble, que les élever
à un niveau supérieur en amont, *être encore la cause des inondations qui se produisent jusqu'à six kilomètres à l'aval des dites
chaussées.*

Le comprenez-vous, Messieurs les Conseillers généraux, vous qui
n'avez aucun bénéfice à tirer des réglementations ?

Voilà cependant, Messieurs, ce qui est la base positive de l'arrêté
du 21 janvier 1869 contre Mont-Musson et du 2ᵉ arrêté du 16 novembre 1872, qui veut m'imposer aujourd'hui, la réglementation du
Besso, quoique cette usine ne puisse nuire à personne au-dessus
d'elle ; je l'ai parfaitement démontré plus haut, puisque, non-seulement, toutes les terres qui s'y trouvent m'appartiennent; mais

que Mont-Musson, situé plus en amont encore, *usine déjà regle-mentée*, est, ainsi que les fermes qui l'entourent exclusivement, ma propriété personnelle.

Troisième argument.

Une autre raison plus positive encore, *c'est que les lois elles-mêmes, qu'invoque l'arrêté préfectoral, ne peuvent aucunement permettre la réglementation, ni établir aucun droit contre les eaux de mon usine.*

Après avoir opposé aux prétentions de réglementation des raisons irrécusables, tirées de l'usine elle-même, de son établissement tout particulier, de sa position exceptionnelle au milieu de terres toutes à moi, je passe à un autre argument plus concluant encore : c'est un des principes fondamentaux de nos lois ; il les domine toutes.

La loi, vous le savez comme moi, Messieurs, ne peut jamais avoir d'effet rétroactif. C'est un principe inconcontestable. Cependant Monsieur de Flavigny, votre ancien Préfet, cédant aux désirs des Ingénieurs, a prétendu, par son arrêté préfectoral du 16 novembre 1872, avoir le droit de réglementer le vanage de mon usine en vertu des lois du 20 août 1790, du 6 octobre 1791, de l'arrêté du gouvernement du 19 ventose an VI : Mais, Messieurs, ces lois, ces réglements sont au moins de 300 ans postérieurs à la création de mon usine, dont l'établissement doit remonter, comme la ruine du Besso le prouve, au XV\

rivières étaient soumises à des lois, à des exigences, à des règlements d'utilité publique.

Les chaussées submersibles, de l'usine du Besso, en sont la meilleure preuve : elles n'ont, évidemment, été établies ainsi que pour satisfaire et régler tous les intérêts, qui vous préocupent aujourd'hui.

Il s'en suit que l'état, où se trouvaient cette usine en 1790, fixe et consacre, à son profit, un droit de propriété, établit et précise, comme niveau d'eau, une servitude positive sur les terres voisines, que les lois et règlements, faits depuis, ne peuvent ni changer, ni détruire, au détriment du propriétaire de l'usine et au profit de ses voisins.

Les droits de chacun ne doivent-ils pas être sacrés ?

Ces lois ne sauraient donc avoir de valeur que pour les usines créées sous leur empire ; c'est-à-dire depuis 1790.

Si des administrations s'en sont servi, parfois, pour atteindre et détruire des droits parfaitement consacrés, par des faits antérieurs à ces lois, ce n'a jamais pu être que par abus d'autorité; c'est-à-dire : l'écrasement du plus faible par le plus fort !

Mais, Messieurs, ces raisons d'équité et de légalité ne vous permettront jamais de suivre l'arrêté préfectoral de M. de Flavigny, parce que les lois de 1790 et 1791 ne peuvent détruire mon usine établie conformément aux lois et règlements antérieurs ; usine qui, du reste, je l'ai démontré, offre un très-large débit aux eaux par ses chaussées submersibles : il suffit de le faire constater par d'autres que par ceux qui n'ont pas voulu le voir, dès leur premier rapport officiel.

J'ai déjà dit pourquoi.

Ils ne voudraient, certainement, pas se déjuger aujourd'hui.

J'ajouterai, ici, une observation très-essentielle; c'est que Messieurs les Ingénieurs ont trouvé les anciens ouvrages régulateurs de toutes les usines de la Rance insuffisants, et par quelle cause ?

Simplement parce qu'ils ont commencé par poser en principe qu'il fallait plus de débit qu'autrefois : ils l'ont élevé à 16 mètres.

Dès lors, rien ne concorde plus avec cette nouvelle exigence.

Pourquoi, bientôt, ne la porterait-on pas à 20 mètres et alors nous serions, de nouveau, contraints à tout recommencer ?

Ce serait tout aussi juste que de ne tenir, aujourd'hui, aucun compte de nos positions acquises.

Mon usine du Besso n'est point sur la Rance, c'est prouvé; elle est de tous côtés, et fort loin, entourée par mes autres propriétés, c'est encore, tout aussi prouvé ; donc, elle ne peut nuire à qui que ce soit. Même, elle ne me nuit pas du tout, puisque ses chaussées submersibles ajoutent au moins cinq mètres de débit à celui des ouvrages régulateurs.

De plus, les lois qu'on veut lui appliquer ne sauraient aucunement avoir un effet rétroactif contre les vanages de mon usine, parce qu'ils sont une servitude acquise et possédée depuis un temps immémorial au profit de cette usine.

Dans ces conditions, toutes exceptionnelles de mon usine du Besso, quel droit invoquerait-on pour la réglementer avec équité ?

Si elle gêne sur la Rance, ordonnez son expropriation.

Je ne puis croire que le Conseil général, en y réfléchissant sérieusement, voulût passer outre, sans m'indemniser, lorsqu'il aura lu et apprécié les positives, les sérieuses, les diverses et les très-nombreuses raisons de ce Mémoire ; lorsqu'il connaîtra, à fond, cette question si grave, que l'on a rendue si confuse ; vous devez, maintenant, comprendre pourquoi !

En un mot, Messieurs, je compte sur votre impartialité, sur votre justice et je ne doute pas *que vous ne reveniez sur les mesures qui ont fait naître, sans bases suffisantes, l'arrêté du 16 novembre 1872.*

Déjà j'ai été, une fois, la malheureuse victime d'une pareille décision administrative, prise tout exprès à huis-clos : sous un gouvernement qui ne supportait pas la moindre réclamation.

Mais, aujourd'hui, il n'en sera pas ainsi : je l'espère, d'autant plus, Messieurs, *que vous tenez, avant tout, à respecter les droits et la propriété de chacun ;* surtout, lorsque vous êtes renseignés sur l'inefficacité de tous ces curages ruineux, de toutes ces réglementations si dispendieuses, cependant parfaitement impuissantes, même au dire des Ingénieurs, pour arrêter les inondations extraordinaires, seul but que vous poursuiviez comme l'établissent parfaitement vos délibérations de 1872.

Réplique de M. de Flavigny, préfet, et de M. l'Ingénieur inconnu X.

J'avais adressé, le 24 février 1873, le manuscrit de ce Mémoire à M. de Flavigny ; je fus à la fin de mars 1873, à Saint-Brieuc, tout exprès, pour avoir l'honneur de voir M. le Préfet et savoir si une

réponse favorable de sa part, c'est-à-dire, le retrait de son arrêté du
16 novembre 1872, me dispenserait de défendre plus longtemps ma
propriété et me permettrait de ne pas faire imprimer ce considérable
et volumineux travail.

Monsieur le Préfet me répondit qu'il était indispensable que cette
affaire revint au Conseil général ; qu'il ne dépendait plus de lui de
retirer son arrêté ; et, comme bien des faits incontestables, cités
dans ce travail, ne sont pas favorables à l'administration des Ponts
et Chaussées, il crut devoir chercher à y répondre et entreprendre
de les atténuer.

Monsieur le Préfet savait mon arrivée : l'importance de mon Mémoire lui avait paru si grande que son travail était tout préparé. Il
me lut une note, que probablement on vous lira également, comme
réplique aux diverses considérations de cet exposé.

Pour moi, cette note émanait, même, de Monsieur l'Ingénieur en
chef actuel ; mais M. de Flavigny, ne croyant sans doute pas devoir
me l'avouer, pour plus facilement disculper l'administration des
Ponts et Chaussées, s'est renfermé dans une foule de réticences, qui
m'ont semblé bien inutiles.

Il serait trop long de consigner, ici, toutes ses périphrases, toutes
ses circonlocutions.

Toujours est-il que, s'il a tu le nom propre, Monsieur le Préfet
m'a exprimé que l'opinion du rédacteur de la note précitée *avait
pour lui, toute l'autorité voulue pour répondre, car cette personne méritait toute sa confiance; elle connaissait, on ne peut
mieux*, m'a-t-il ajouté, *tout ce qui se rattache à ces questions et
au service des Ponts et Chaussées*. Je veux être aussi discret que
M. de Flavigny : aussi, pour me faire comprendre, appelons cet ingénieur, Monsieur l'Ingénieur X... Il me faut bien pouvoir le dési-
gner.

Pour répondre au point qui parle de la demande de réglementation
des deux cents quarante-neuf ou de toutes les usines de l'arrondissement de Dinan, Monsieur le Préfet m'a premièrement avoué que
cette demande paraissait un peu exagérée ; mais, pour l'amoindrir, il
a ajouté qu'il savait positivement, par Monsieur l'Ingénieur X...,
qu'en la faisant formuler par le Conseil d'arrondissement, l'administration n'avait point eu l'intention de l'exécuter en entier, de les
réglementer toutes, mais d'être en mesure pour agir, quand bon

lui semblerait, seulement contre celles qui lui paraîtraient nuisibles, etc., etc.

Vous voyez, Messieurs, quelle valeur à cette réponse.

Tout mauvais cas est niable, vous le savez; mais la réponse de
l'Ingénieur X... conserve, néanmoins, au profit de l'administration,
cette épée de Damoclès suspendue sur la tête de tous les usiniers, et
chaque usine peut toujours être appelée, par Messieurs les Ingénieurs
de l'arrondissement, *quand ils voudront,* à parfaire leur modeste
supplément d'appointements de 42,330 francs.

Vous voyez même que, malgré cette réponse qui devrait positivement
me garantir, si elle était vraie, mon usine du Besso a été choisie,
en 1872, comme étant une des plus nuisibles, *on ne devait attaquer
que celles-là,* et cependant l'enquête close le 20 juin 1873, n'a pas
produit une seule plainte contre elle. Ce fait vous édifiera tous !

Vous apprécierez donc, Messieurs les Conseillers généraux, que
dans cette réponse, que M. de Flavigny me donnait comme l'expression vraie des sentiments de l'administration des Ponts et Chaussées,
il n'y a, par conséquent, que des mots et que les faits leur sont, ici,
comme ailleurs, tout aussi contraires ; elle tient à tout réglementer.

Pour répondre aux divers points qui poussent à croire que l'intérêt pécuniaire des Agents des Ponts et Chaussées pourrait bien être
engagé dans la question, c'est Monsieur le Préfet qui s'est chargé,
non pas d'apporter des preuves, non pas de nier les faits, mais
d'écarter, en son nom, ce grave soupçon, en m'affirmant que cela ne
se pouvait pas, que, quant à lui, il ne pouvait aucunement l'admettre !

Je lui ai objecté que je n'avais point la prétention de modifier son
opinion sur ce point; mais que son affirmation, quelque positive
qu'elle fût, ne donnait, malheureusement, aucune preuve, pas plus
qu'un démenti à la demande incontestable de réglementation des
deux cent quarante-neuf usines, et, à la note de cent soixante-dix
francs, que j'ai positivement payée pour Mont-Musson et article des
voitures. Donc, tant que Messieurs les Ingénieurs auront des suppléments d'appointements, pour les réglementations, pour les curages à
vieux fonds, etc., etc., tout le monde aura aussi bien le droit de
croire qu'ils ne sont pas très-désintéressés dans la question, lorsqu'ils les réclament, surtout avec tant d'instances, que, Monsieur
le Préfet, celui de penser que Messieurs les Ingénieurs sont inca-

pables de désirer grossir leurs appointements par ces suppléments.

Pour le point qui traite des tarifs, par lesquels les agents des Ponts-et-Chaussées s'attribuent 5 et 10 francs par jour et qui, en outre, leur permettent de prélever de 66 à 200 pour 0/0, et par jour, sur chaque voiture, Monsieur l'Ingénieur X... a avoué qu'autrefois, ces tarifs étaient plus considérables encore : mais que les réclamations du public avaient forcé à les réduire.

Cela, Messieurs les Conseillers généraux, est loin d'être une preuve, *qu'il soit juste que cette administration, seule en France, prélève des suppléments d'appointements sur notre bourse et qu'elle se fasse rembourser ses voitures, avec 66 ou 200 pour 0/0 de bénéfice, et par jour.* Est-ce une réponse?

Cet aveu de Monsieur l'Ingénieur X... ne prouve, au contraire, suivant moi, que je n'ai aucunement le petit mérite d'avoir, le premier, attribué ce grave reproche d'intérêt pécuniaire trop visible, à cette administration qui, à ce qu'il paraît, a été toujours coutumière du fait, dit Monsieur l'Ingénieur X... lui-même.

Ne serait-il pas grand temps, non plus de réduire, encore, ces tarifs, mais de les supprimer? La dignité du corps des Ponts et Chaussées n'aurait plus à souffrir de faits tels que ceux que ce Mémoire contient et vous expose avec un sentiment pénible!

Pour répondre à l'autre point où je discute la valeur des termes employés dans les rapports de Messieurs les Ingénieurs, « plantations anticipées », « curages à vieux fonds et à vieux bords, » etc., etc.

Monsieur l'ingénieur X... a mis, sur sa note, que c'étaient les termes des ouvrages classiques des Ponts et Chaussées, qu'ils étaient consacrés par l'usage, etc., etc.

Mais cette réponse ne réfute pas plus que les précédentes, quoique ce soit de tout ce que j'ai avancé : vous en jugerez, Messieurs.

Je sais bien que les termes dont je me plains, comme étant trop vagues et pouvant permettre à Messieurs les agents des Ponts et Chaussées de ne nous laisser ni trève, ni repos, *sont les termes techniques de cette administration.*

C'est pour cela même que je m'en plains, parce que nous avons besoin d'une barrière plus précise, plus infranchissable au bon plaisir et au caprice de celui-ci ou de celui-là, lorsque ces Messieurs réclament le droit de nous faire abattre nos plantations, de nous forcer de retrouver les vieux bords, de chercher les vieux fonds des rivières ! Qu'en pensez-vous, Messieurs les Conseillers généraux, surtout lorsqu'ils recevront 10 francs par jour et perpétueront ce service supplémentaire, nécessairement sans contrôle possible par qui que ce soit.

Il n'y a qu'un seul point où Monsieur l'Ingénieur X... a bien voulu ne pas contredire ce que je soutiens : c'est lorsque je prouve qu'aucune loi hydraulique ne peut faire attribuer, aux chaussées d'usines, aucun tort causé au-dessous d'elle.

Monsieur l'Ingénieur X... veut bien dire, tout faiblement, qu'il ne croit pas devoir soutenir ce grief contre mes chaussées.

J'aurais beaucoup mieux aimé le voir affirmer, positivement, puisqu'il est compétent, que c'était une erreur formelle.

Mais, enfin, comme c'est un Ingénieur qui, par cette phrase, ose même déjuger, quoique très-légèrement, et l'ancien Ingénieur en chef du département et Monsieur l'Ingénieur d'arrondissement, qui, en raison des motifs sus-énoncés, m'ont déjà fait, tous deux, réglementer Mont-Musson et voulaient aussi, dès 1872, me faire réglementer le Besso, je dois lui en être reconnaissant.

Je le serais même beaucoup plus, si M. de Flavigny m'avait positivement nommé l'auteur de la note, que je ne puis attribuer, dans ce mémoire, qu'à l'Ingénieur inconnu X... : car, si comme j'aimerais à le savoir, elle émanait de M. l'Ingénieur en chef actuel lui-même, j'aurais la certitude que toutes ces raisons, plus que défectueuses, qui ont été alléguées contre mon usine, par Monsieur l'Ingénieur d'arrondissement, *n'auraient, désormais, aucune valeur à ses yeux d'Ingénieur en chef.*

Dès lors, la question serait jugée, je conserverais ma propriété, je jouirais de mon repos, je n'aurais plus à payer des 5 et des 10 fr. par jour aux agents de l'arrondissement.

Résumé et Conclusion.

Maintenant, Messieurs les Conseillers généraux, permettez-moi de résumer tout ce que j'ai été obligé de consigner dans ce Mémoire.

Je crois utile, pour vous en faciliter la conclusion, d'en remettre les conséquences logiques sous vos yeux ; afin que vous soyez parfaitement fixés sur tout ce qui se rattache à cette question des inondations de la Rance et que vous puissiez conclure en parfaite connaissance de cause.

Nous avons vu :

1° Que la réglementation, une fois ordonnée, mais non exécutée, entraînerait l'interdiction de l'usine.

Peut-on ainsi me dépouiller, sans que cette grave atteinte, au droit sacré de la propriété, ne soit très-évidemment imposé par l'utilité publique.

S'il y a utilité publique, il y a droit à l'indemnité ; car nulle propriété ne doit jamais être prise, sous prétexte d'intérêt public, sans indemnité.

Le Conseil général appréciera cette trop grave conséquence de ses demandes, comme toutes les autres, aussi funestes pour les riverains, que je signale ci-après ; conséquences qu'il n'a pu prévoir, ni même vouloir, parce qu'elles sont en dehors de la loi.

Les charges, en France, ne doivent-elles pas être réparties également ? Si l'intérêt public réclame des expropriations, des interdictions d'usines, des curages à vieux fonds et à vieux bords, des nettoyages de rivières, des constructions de ponts et de routes, des prises de terrain pour églises, écoles et cimetières, etc., etc., c'est aux deniers publics à y faire face et à solder ces dépenses d'intérêts communs.

2° Nous avons vu que, la demande de réglementation de toutes les usines de l'arrondissement, au nombre de deux cent quarante-neuf, avait été introduite, c'est incontestable, sans utilité reconnue, sans plaintes portées contre une seule des deux cent quarante-neuf usines, ainsi attaquées, sans même savoir si un niveau d'eau était nuisible, oui ou non !

Comme il s'en suit que l'intérêt général, mis cependant en avant, n'entre pour rien dans cette mesure, c'est prouvé, il faut nécessairement chercher à s'expliquer pourquoi elle a été demandée !

3° Nous avons vu que l'intérêt général ne pouvant être admis comme base suffisante de la poursuite de toutes ces réglementations, on cherche une autre cause avouable et sérieuse, sans pouvoir la rencontrer.

Dès lors, malgré soi, n'est-on pas poussé à la croire, peut-être, dans l'intérêt pécuniaire tout personnel de Messieurs les ingénieurs ?

Cependant admettre que le système inventé par les Agents des Ponts et Chaussées a pour but de leur procurer 42,330 francs, pour le seul article des réglementations de ces deux cent quarante-neuf usines de l'arrondissement de Dinan, en attendant que les autres arrondissements soient soumis à la même charge, à leur profit ; plus des suppléments de traitements annuels et permanents à raison de 5 et de 10 francs par jour, pour les curages à vieux fonds et à vieux bords ; plus 66 francs pour 0/0 sur les frais de voitures, etc., etc., serait un fait très-grave contre cette administration.

Malgré cela, ne trouvez-vous pas, comme moi, qu'il est bien malheureux que tous ces gros chiffres, trop positifs pour ceux surtout qui auront à les payer, sont très-loin d'annihiler, le moins du monde, ce triste et trop fâcheux côté de la question d'intérêt pécuniaire, qui, dans le cas qui nous occupe, infirme beaucoup, peut-être même beaucoup trop, les appréciations de cette administration ; puisque nous voyons des Ingénieurs en arriver jusqu'à avancer que des chaussées peuvent nuire au-dessous d'elles.

Je croyais, jusqu'à présent, que tout le monde savait que cela ne pouvait être !

Quel autre motif, je vous le demande, Messieurs les Conseillers généraux, a pu faire naître cette singulière opinion que je suis obligé de combattre pour vous prouver que la réglementation de l'usine du Besso est demandée sans la moindre raison avouable ?

4° Nous avons vu que ces bénéfices énormes sont partagés dans chaque arrondissement, entre très-peu d'Agents des Ponts et Chaussées, je ne crois même pas qu'il en revienne quelque chose à la direction supérieure du département, n'ayant rien trouvé sur mes mémoires qui lui fut imputable.

Dans tous les cas, les agents inférieurs ont, comme les agents supérieurs, des appointements fixes : cela fait que les propriétaires, en payant leurs impôts, doivent avoir acquitté toute la rétribution du corps des Ponts et Chaussées, comme de toute autre administration française.

Aussi, nous, Contribuables, nous aimerions bien savoir pourquoi Messieurs les Ingénieurs auraient positivement et légalement droit à ces gros suppléments à prendre dans notre bourse ?

5° Nous avons vu que l'importance et le succès de cette mesure de curage à vieux fonds et à vieux bords seront fort peu utiles, fort douteux, et que cette formule trop élastique, pourra malheureusement, quand on voudra, devenir un moyen certain pour rançonner et vexer, sans raisons, sans limites, tout propriétaire que l'on voudra atteindre.

A quoi reconnaîtra-t-on les vieux fonds et les vieux bords !

Pour moi, c'est impossible ?

Messieurs les Ingénieurs tiennent, d'après l'Ingénieur X..., à conserver les formules pour avoir toute autorité. Mais vous, Messieurs les Conseillers généraux, nous livrerez-vous ainsi à leur bon plaisir ?

Ce serait bien pénible !

6° Nous avons vu que tous ces grands mots « à vieux fonds et à vieux bords, » « plantations anticipées, » « souches d'arbres obstruant le passage des eaux, » quoique très-sonores et paraissant, d'abord, exprimer une idée juste, sont loin, lorsque l'on y réfléchit, de préciser des inconvénients assez réels et surtout assez nombreux pour justifier d'aussi importants travaux à mettre à la charge exclusive des propriétaires.

J'en aurai personnellement, **pour peut-être vingt mille francs, plus toutes sortes de difficultés,** et certains petits propriétaires **riverains seront certainement ruinés !** Est-ce ainsi que l'on doit appliquer la loi qui exige l'égalité dans toutes les charges publiques ?

Ces conséquences ont-elles fixé l'attention du Conseil général ?

La négative est évidente : vous ne pouviez même pas les soupçonner !

7° Nous avons vu que, s'il y a utilité publique, comme on veut le dire, les frais des travaux doivent être couverts par les centimes départementaux.

8° Que le Conseil général n'avait formulé le désir de faire réglementer les usines de Rougé et du Besso, sur la Rance, que pour atteindre le but, **parfaitement précisé, de préserver des inondations les terres voisines :** ce n'est qu'à la condition expresse d'obtenir ce résultat que les Ingénieurs ont reçu, du Conseil général, qualité pour agir.

9° Que les Ingénieurs, loin de pouvoir remplir les exigences du Conseil général, commencent, tout d'abord, par établir une sorte de justification de leurs travaux, que, d'avance, ils savent stériles, en divisant les inondations **en ordinaires** et **en extraordinaires,** et déclarant n'avoir quelque peu d'action que sur les premières, *et ne rien pouvoir pour nous préserver des secondes,* les seules, aussi, contre lesquelles le Conseil général désire prendre des mesures protectrices.

Du reste, l'expérience pratique de leurs moyens d'action est faite aujourd'hui, elle prouve leur parfaite inutilité; car, nous avons vu que, malgré les réglementations de Boutron et des Mottais, au 5 décembre 1872, toute la vallée était complètement noyée, sur une étendue de plus de six kilomètres, et les eaux s'y élevaient au moins au même niveau, sinon plus haut, qu'avant l'exécution de ces deux réglementations. Au-dessus de Mont-Musson l'on a également vu, à cette époque, combien cette réglementation est sans aucun résultat; car le niveau des eaux, sur mon marais du Besso, n'a pas été modifié le moins du monde, lors de cette inondation et des autres.

Qui est-ce qui prouvera aux membres du Conseil général, aux Ingénieurs et à vous, Monsieur le Préfet, mieux que ces faits, constatés sur les lieux, toute l'inefficacité des réglementations?

Pourquoi donc les poursuivre?

Mais le Conseil général n'a pas fait cette distinction entre inondation ordinaire et extraordinaire; il a dit : afin de **préserver des inondations les terres voisines** et, en cela, il est d'accord avec le Dictionnaire, qui définit le mot **inondation** par *débordement des eaux sur un pays, eaux débordées*.

Il n'y a donc pas, à proprement parler, **d'inondations ordinaires**, ainsi que le prétendent les Ingénieurs, lorsque la rivière reste dans son lit; seul cas où les Ingénieurs croient avoir quelque action sur elle.

10° Nous avons vu que, le but fixé ne pouvant être atteint, **il ne subsiste plus aucun motif suffisant pour nous imposer tant de travaux, tant de frais.**

11° Que poursuivre cette voie, en y ajoutant le curage à vieux fonds et à vieux bords, le nettoyage de la Rance, ne serait qu'un magnifique moyen de nous faire jeter beaucoup trop d'argent dans l'eau, sans un résultat tant soit peu avantageux pour nous riverains.

Mieux vaudrait se rendre à l'évidence, avant de nous imposer tous ces frais complètement inutiles, et admettre, enfin, que bien souvent la Rance est trop considérable pour que de si faibles moyens aient même une influence avantageuse quelque peu appréciable.

12° Que les inondations sont plus utiles que nuisibles, puisque le revenu des parties inondées est presque le double, hectare pour hectare, de celui des terres qui n'ont jamais rien à craindre des eaux;

mais aussi qui n'en reçoivent aucune fertilité par les nombreux, les riches détritus qui, chaque année, s'y répandent, lors des crues, aussi gratuitement qu'abondamment.

Les prix de fermage, cités plus haut, le prouvent jusqu'à la dernière évidence et, de plus, j'offre aux plaignants, s'il s'en trouve, de leur échanger, contenance pour contenance, quatre fermes en terres de coteaux pour leurs terres de vallée.

13° Que les propriétaires convoqués à Evran, par le Préfet, il y a 7 ans, pour essayer de former un syndicat dans le but de garantir leurs propriétés des inondations, ont à l'unanimité, moins un, malgré les instances de M. des Salles, membre du Conseil général, déclaré que, loin d'y aider de leurs bourses, ils en seraient désolés, puisque ce sont les inondations qui sont la cause réelle de la grande richesse de cette vallée et de la leur, par conséquent.

De tout cela, Messieurs les Conseillers généraux, que conclure en bonne justice ?

Laisser les choses en leur état, puisque personne ne se plaint, puisque les travaux demandés par les Ingénieurs seraient fort vexatoires, trop coûteux, pour leurs résultats plus qu'incertains, et si faibles qu'ils sont même parfaitement contestables.

En agissant ainsi, vous relevez la dignité du corps des Ponts et Chaussées, qui n'a qu'à souffrir de tous les suppléments de traitement, que ses tarifs lui octroient ; qui lui font peut-être, trop souvent, trouver tous ces travaux nécessaires et d'intérêt public, lorsqu'ils ne satisfont que son intérêt pécuniaire.

Mais si ces raisons générales et majeures qui dominent, de très-haut, toute cette question des inondations, ne vous suffisent pas encore, Messieurs, j'ajouterai que je vous ai exposé avec détail et péremptoirement prouvé, je crois, relativement à la situation particulière de l'usine du Besso :

1° Que cette usine n'est point du tout établie sur la Rance, que ce point de départ, seule base du rapport officiel, est matériellement et complétement inexact, malgré l'affirmation positive de l'Ingénieur d'arrondissement.

2° Que l'usine, loin d'être placée sur la Rance, l'est au contraire sur un bief, non-seulement privatif, mais entièrement factice, formé dans toute sa longueur par 260 mètres de chaussées, faites de mains d'hommes : que cette situation trop évidente pour être contestée détruit, du premier coup, tout le bel argument du rapport officiel, car loin d'obstruer et de barrer la Rance, elle lui offre, par ses ouvrages régulateurs, un débit factice de $12^m 16$, qui s'ajoute au débit naturel permanent, qui s'effectue, toujours, par-dessus ses chaussées submersibles dès que les eaux s'élèvent.

1° Par le lit du ruisseau du Petit-Bois.

2° Surtout par celui de l'ancien lit de la Rance. Lorsque ce débit fonctionne il est certainement plus considérable que les $3^m 84$, exigés par les Ingénieur, pour compléter celui de $12^m 16$ déjà fourni par les ouvrages régulateurs de l'usine.

3° Qu'en faisant scrupuleusement apprécier ce débit naturel et complémentaire, sur les lieux dans les conditions très-exactement précisées plus haut, M. l'Ingénieur en chef constatera que le débit demandé existe et a toujours existé, qu'il est même plus considérable que les $3^m 84$ exigés :

Qu'en tous cas, rien ne serait plus facile, moins coûteux que de l'obtenir, très-suffisant, s'il ne l'était pas, en nivelant la chaussée submersible de 260 sur une longueur un peu plus grande.

Je demande qu'il m'en soit donné acte, pour ne plus être inquiété et ne plus avoir à faire tant de voyages, tant de travaux pour discuter, une autre fois, des choses si évidentes. Après toutes ces querelles, ne me doit-on pas la constatation de l'état des lieux ?

4° Que, de plus, je tiens à bien établir que l'administration n'a aucunement le droit d'imposer une réglemention à mon usine, par trois raisons; la 1ʳᵉ, c'est qu'elle n'est point sur la rivière; la 2ᵉ, c'est qu'elle est entièrement située au milieu de mes terres et complétement entourée au Nord, au Sud, à l'Est et à l'Ouest, même à une très-grande distance, par mes autres propriétés. Aussi les eaux de mon usine ne peuvent nuire à qui que ce soit, puisqu'elles ne me nuisent même pas ; ce que, si cela était, je ne voudrais aucunement laisser subsister, tant j'ai de terres de première classe autour de cette usine et tant elles sont d'un rapport important pour moi. La 3ᵉ, c'est que les lois citées dans l'arrêté préfectoral ne peuvent atteindre mon usine, parce qu'elles ne peuvent exercer aucun effet rétroactif.

5° Que lorsque les eaux sont débordées sur mes terres, ce n'est que dans les cas d'inondations extraordinaires, lorsqu'il y a force majeure, en un mot, lorsque les travaux régulateurs de Boutron et des

Mottais ne peuvent aucunement suffire au débit de l'énorme quantité d'eau que la Rance contient alors. Jamais les eaux ne remontent au-dessus de mon usine, sans qu'en même temps toute la vallée ne soit noyée au-dessous et jusqu'à Boutron. C'est là qu'est la seule, la véritable cause qui fait refluer les eaux sur cette vallée.

5° Qu'il est constant, par les inondations fréquentes et considérables de la vallée même, depuis l'exécution des nouveaux travaux régulateurs de Boutron, que ces travaux sont parfaitement et très-évidemment insuffisants ; d'autant plus que les réglementations supérieures nouvellement exécutées font arriver un peu plus promptement, une plus grande quantité d'eau, dont cette vallée souffre nécessairement, puisque cette eau n'a pas, à Boutron, un débit assez considérable pour pouvoir dénoyer ces 6 kilomètres de prairies.

7° Que lors de ces grands débordements, qui font déverser les eaux par-dessus mes chaussées submersibles, le fait ne peut être attribué qu'au niveau de la Rance elle-même, alors forcément très-élevé puisqu'il y a inondation ; et que l'eau se déverse par-dessus mes chaussées avec 30 et 40 centimètres d'épaisseur.

Je prie Messieurs les Conseillers généraux de vouloir bien fixer, encore, toute leur attention sur ce point si essentiel qui résout, une fois de plus et bien facilement, toutes les difficultés dont l'administration me poursuit. Les Ingénieurs ne peuvent rien, disent-ils, contre les inondations extraordinaires, pourquoi m'obligeraient-ils à faire plus qu'eux ?

8° Que, si l'on veut que les inondations soient nuisibles, il ne faut pas, pour obtenir une réglementation de plus, en attribuer la cause à une usine, qui avec ses chaussées submersibles ne peut aucunement faire varier le niveau d'eau de la Rance au-dessus d'elle.

Dans ces conditions toutes spéciales, il était difficile de trouver un seul motif plausible de réglementation. Aussi M. l'Ingénieur d'arrondissement a-t-il tenu à établir que mon usine nuisait au-dessous d'elle.

Ce n'est pas une idée neuve, déjà pour Mont-Musson on avait également émis le même système d'accusation (*voir l'arrêté préfectoral du 21 janvier 1869*). Monsieur l'Ingénieur, pour nous instruire tous, aurait bien dû nous indiquer par quelle loi physique mon usine pouvait nuire à l'aval de ses chaussées, aux prairies qui s'étendent du Besso à Boutron, c'est-à-dire à 6 kilomètres au-delà. Heureusement qu'avancer une chose n'est pas du tout la prouver !

Ce méfait de l'usine du Besso me paraît trop impossible pour le discuter sérieusement, même avec des Ingénieurs : je ne puis lui opposer que la vieille fable du Loup et de l'Agneau, qui prouve que, depuis trop longtemps, quand on veut atteindre un but, sans aucune bonne raison, on ne craint pas, malheureusement, d'en donner de très-mauvaises.

9° Que l'administration des Ponts et Chaussées une fois engagée dans cette voie si fâcheuse, me fournit un argument assez curieux contre son système de réglementation, puisque, tout naturellement, il saute aux yeux que, pour dénoyer la vallée, depuis le Besso jusqu'à Boutron (et M. de Flavigny, préfet, a pris, sur sa demande, un arrêté dans ce sens), elle veut me faire augmenter de 3 mètres 84 centimètres le débit de l'usine du Besso, pour que les eaux arrivent, dans cette vallée, beaucoup plus promptement, encore, que précédemment, lorsque déjà elle est complétement noyée ; parce que les travaux de Boutron, ne peuvent aucunement suffire à débiter l'énorme quantité d'eau qui l'inonde : Nous l'avons prouvé plus haut.

Je pense que ce rapprochement fera enfin comprendre, à Messieurs les Ingénieurs, que mes chaussées ne sont pour rien dans ces débordements ; ils admettront enfin qu'il y a des choses impossibles, même pour eux, et que la seule, la véritable cause des inondations de toute la vallée, qui, du Besso à Boutron, se couvre d'eau jusqu'à près d'un mètre d'élévation, est dans l'insuffisance positive du débit de Boutron, quoique fait par leurs collègues.

Peut-on et doit-on le rendre plus important ? Ce n'est point à moi à examiner ces deux points !

Toujours est-il que, tant que le débit de Boutron ne sera pas ce qu'il doit être, l'on ne peut, raisonnablement, ce me semble, nous obliger à déverser plus d'eau encore dans cette vallée de six kilomètres, en prétendant que c'est le plus sûr, le meilleur moyen de la dénoyer : car, alors, ne serait-ce pas, par trop, imiter le célèbre Gribouille ?

Mais, certainement, ce ne sera pas vous, Messieurs, qui appuierez ce projet et qui le voterez.

Vous avez vu, Messieurs les Conseillers généraux, vous avez apprécié tous les arguments si nombreux, si positifs et si concluants de ce trop considérable Mémoire, où j'ai tenu, vous me rendrez, j'es-

père, cette justice, à ne rien avancer sans, je crois, le par[...]
établir, le prouver péremptoirement.

Je ne puis donc, aucunement, penser que le Conseil génér[al ...]
tant de raisons si irrécusables, **veuille admettre qu'il ser[a ...]
de nous livrer ainsi à l'administration des Ponts et Cha[ussées ...]
pour nous faire dépenser tant d'argent**, lorsqu'il est prou[vé que]
tous ces travaux ne sauraient procurer aucun résultat positif et
avantageux pour le pays ; en un mot, lorsque le but parfaitement
précisé par vous, Messieurs les Conseillers généraux, dans votre
session de 1872, **préserver des inondations les terres voisines**,
motif d'intérêt public, sur lequel Messieurs les Ingénieurs se sont
appuyés pour obtenir des travaux supplémentaires, mais rétribués
par les propriétaires, *ne peut, en aucune façon, être atteint* par
eux. C'est évident, et Messieurs les Ingénieurs l'avouent eux-
mêmes.

Il sera, de plus, positivement constaté que **l'usine du Besso, avec
ses chaussées submersibles, ne peut être un obstacle à l'écoulement des eaux**, lors des crues, et que son débit est déjà plus considérable que celui que demandent Messieurs les Ingénieurs,
d'autant mieux qu'il augmente toujours en raison de l'élévation
des eaux de la Rance.

Dès lors, vous voudrez, Messieurs, que les choses demeurent dans
l'état où elles sont ; d'autant plus qu'il n'a jamais été produit une
seule plainte de la part des populations, pas même lors de l'enquête
du 1er au 20 juin 1373.

Mais s'il vous faut plus encore que toutes ces considérations générales si motivées, souvenez-vous :

1° Que mon usine du Besso est sur un bief factice et non sur la
Rance ;

2° Que mon usine est au milieu de mes propriétés, que ses eaux ne
peuvent, par conséquent, nuire à qui que ce soit, si ce n'est lorsque
les crues deviennent ce que les Ingénieurs nomment une inondation
extraordinaire, ou cas de force majeure ;

3° Que les lois de 1790, de 1791, etc., de trois cents ans postérieures
à la création et aux droits de cette propriété, ne peuvent aucunement l'atteindre.

Avec tout cet ensemble d'arguments et de faits, qui se corroborent
les uns les autres ; vous n'aurez aucun doute et vous formulerez

conformément aux conclusions énoncées plus haut,
...pas celles de la sagesse, de l'équité et de la léga...

Si M. de Flavigny, préfet, qui avait pris l'arrêté du 18 Novembre 1872, avait cru pouvoir, seul, donner la solution qu'aujourd'hui je sollicite près de vous, Messieurs les Conseillers généraux, et à laquelle j'ai, il me semble, un droit incontestable, par les si nombreuses et si concluantes raisons de ce Mémoire, je n'aurais pas été astreint à ce pénible travail, ni à vaincre ma répugnance pour produire au grand jour tous les faits que je suis obligé de citer ici.

Je ne suis donc aucunement responsable de cette publicité.

Elle n'est due qu'à l'administration des Ponts et Chaussées qui, en voulant obtenir la réglementation de toutes les usines et en nous appliquant ses tarifs, nous a bien donné le droit de le dire, d'en rechercher les causes et de nous en plaindre, pour ne pas en payer les frais !

Vous-mêmes, Messieurs les Conseillers généraux, vous apprécierez certainement que ces demandes de réglementations d'usines, de curage à vieux fonds et à vieux bords, etc., etc., que les Ingénieurs veulent imposer partout, sans utilité prouvée, renferment beaucoup d'autres intérêts indiqués, expliqués et démontrés par tous les faits contenus dans ce Mémoire.

Maintenant que vous êtes éclairés sur ces très-sérieux inconvénients qui pèsent sur les populations de votre département, vous prendrez en mains nos intérêts et vous nous protégerez, de toute votre énergie, contre ces tentatives trop souvent répétées, en refusant tous les travaux, dont la nécessité n'est pas évidente, lorsque, surtout, ces travaux permettent aux agents des Ponts et Chaussées de prélever, sans contrôle, des appointements supplémentaires fortelevés.

Vous irez, sans doute, plus loin encore, votre zèle pour le bien public, vous l'imposera ; vous porterez, par vos vœux, c'est votre droit, jusqu'aux Ministres, jusqu'à la Représentation nationale, s'il en est besoin, la demande formelle, nécessitée par tous les faits irrécusables de ce Mémoire, **que l'administration des Ponts et Chaussées ne puisse jamais, dans aucun cas, être pécuniairement et très-largement intéressée à faire naître des travaux pour en rece-**

voir des suppléments d'appointements très-considérables à prélever, sans contrôle, sur la bourse personnelle des particuliers qui, cependant, ont acquitté leurs impôts pour solder tous les services publics !

La dignité de ce corps plaidera cette cause avec vous : ses membres feront-ils obstacle à votre succès ?

Lorsque cette administration n'aura plus ses tarifs si exceptionnels, lorsqu'elle sera régie comme toute autre de France, sa dignité y gagnera beaucoup : elle sera aussi incontestable, par conséquent, aussi incontestée que celle de quelqu'administration que ce soit.

L'état présent est une chose trop anormale et trop fâcheuse, pour elle et pour nous, pour subsister plus longtemps !

C'est donc, Messieurs les Conseillers généraux, un important, un immense service à rendre, non-seulement à votre département, mais, certainement, à la France entière.

L'occasion m'a forcé de vous le signaler : vous n'y faillirez pas.

Veuillez agréer, Messieurs les Conseilllers généraux, l'expression de la haute considération, avec laquelle j'ai l'honneur d'être,

Votre très-humble serviteur,

HERSART DU BURON.

Nantes. — Imp. Bourgeois, rue Saint-Clément, 115.